바칼로레아 세계사

BACCALAUREATE WORLD HISTORY
바칼로레아 세계사
깊이 있는 질문은 시대를 관통한다
임라원 지음
KNOWLEDGE

목차

들어가며

하루는 이 책의 출판사 대표님과 함께 차를 마시며 이야기를 나누고 있었습니다. 그런데 그때 대표님께서 갑자기 진지한 표정을 지으시며 이런 말씀을 주시더군요. "정보의 홍수 속에서 진심으로 의미 있는 지식을 발견하고 만들고 싶어요." 이 말을 듣는 순간 무릎을 칠 수밖에 없었습니다. 저 또한, 지금과 같은 정보의 홍수 속에서 진심으로 의미 있는 지식과 통찰력을 발견하고 만들고 싶었기 때문입니다. 제가 이런 마음을 갖게 된 데에는 이유가 있습니다. 사람들이 단지 정해진 공식과 정형화된 답을 토대로 세상을 바라보는 게 아니라, 자신만의 시각을 통해 세상의 흐름을 읽었으면 하는 마음이 있기 때문입니다.

세상의 흐름을 읽어야 하는 핵심적인 이유는 바로 생존입니다. 밀물과 썰물을 떠올려 볼까요? 물의 흐름을 아는 자는 썰물일 때 갯벌에 나가 조개를 캡니다. 그러나 물의 흐름을 읽지 못하는 자는 밀물이 들오는지도 모르고 갯벌에서 조개를 캐다가 순식간에 무릎까지 물이 차는 상황을 겪게 됩니다. 물과 마찬가지로 세상의 역사 그리고 세계의 역사인 세계사도 그렇습니다. 그렇다면 세상의 흐름은 어떻게 읽을 수 있을까요? 놀랍지만, 그건 바로 '눈치'입니다.

"눈치를 챙기다"는 영어로 표현하면 "Take a hint"입니다. 힌트를 알아내기 위해서는 어떤 상황이나 문제에 숨겨져 있는 단서를 간접적으로라도 찾아낼 수 있는 능력을 길러야 합니다. 이처럼, 세계사뿐 아니라 세상의 흐름 그 자체를 잘 파악하기 위해서는 눈치를 기르는 것이 대단히 중요합니다. 표준국어대사전에 따르면, 눈치는 "남의 마음을 그때그때 상황으로 미루어 알아내는 것"이라고 합니다. 이처럼 그때그때 상황으로 미루어 알아내는 힘이 눈치의 핵심이듯이, 눈치를 기르기 위해서는 상황에 맞는 통찰력이 필요합니다. 그리고 그런 눈치를 기르기 위해서는 이런 질문만 이야기해도 많은 문제가 해결됩니다. "이 상황에서는 누가 갑이고 누가 을이죠?", "왜 갑자기 상황이 변했죠?"

세계사는 규모가 큰 눈치싸움의 기록이기도 합니다. 지금 우리의 삶처럼 말이지요. 그런 의미에서 이 책은 스토리텔링의 형식도 보이겠지만, 지금 우리의 삶에서 꼭 필요한 전략적 사고를 세계사를 통해 함양하도록 하는 데에 의의를 두고자 합니다. 그리고 이러한 눈치 즉 전략적 사고를 기르기 위해서는 세상의 거시적 그림을 이해하면서 비판적 사고를 동시에 키우는 것 또한 중요합니다.

IBInternational Baccalaureate라고 하는 국제 바칼로레아는 스위스 제네바에서 시작한 국제 공인 교육과정이며, 이 교육은 3살부터 19살을 대상으로 합니다. IB는 학생이 습득한 지식을 통해 문제를 직접 해결할 수 있도록 돕는 데에 뜻을 둡니다. 흥미로운 점은 프랑스에도 바칼로레아Baccalauréat라고 해서 객관식이 아닌 논술 위주의 대입자격시험이 있는데, IB도 프랑스의 바칼로레아처럼 학생의 사고력을 평가하는 논술 위주의 시험을 치른다는 것입니다.

IB는 초등, 중등, 고등Diploma Programme, DP의 과정으로 나뉩니다. 이 책은 IB 고등과정의 사회탐구영역 중 하나인 역사History를 선택하여, IB 역사 시험에 단골로 등장하는 핵심 주제와 질문을 새롭게 재정립하였고, 여러분이 자신만의 전략적 사고와 구조적 시야를 통해 창의적으로 답해볼 수 있도록 만들었습니다.

전략적 사고와 구조적 시야를 통해 세상의 흐름을 읽는 사람은 생존과 승리뿐 아니라 인류 모두의 안녕을 기원할 수 있습니다. 정보의 홍수이자 춘추전국과 같은 시대에서는 행동이 앞서기보다 전략적 사고와 구조적 시야가 앞서야만 합니다. 그런 점에서 이 책은 부디 독자님 한 분 한 분께서 통찰의 눈을 통해 더 아름답고 평화로운 세상을 만드시는 데에 큰 일꾼이 되셨으면 하는 마음을 담았습니다.

이 책의 동반자가 되어 주셔서 진심으로 감사합니다. 자, 그럼 우리 함께 세상의 흐름을 읽어보러 가볼까요?

할 수 있고, 모든 것은 가능하다고 믿는
임라원

흐름의 시작점을 알고 싶나요?
그럼 질문을 지도라고 상상해보세요

사람 한 명 한 명에게는 자신만의 타고난 능력이 있다고 믿습니다. 그런데 놀랍게도 모두에게 허락된 한 가지 능력이 있습니다. 바로 눈치, 즉 전략적 사고입니다. 역사 전반을 살펴보면, 인간은 위험을 빨리 감지하는 능력이 타고났다는 걸 알 수 있습니다. 그 말은 즉, 여러분의 DNA 안에도 아주 예리하면서도 날카로운 위험 관리 능력이 내재되어 있다는 걸 의미합니다.

이 책을 읽을 때는 그 어떤 사전 지식이 필요하지 않습니다. 오히려 우리는 우리 본연이 가진 전략적 사고 능력을 통해 흐름을 파악하고, 그 흐름이 어떻게 역사로 기록됐는지 알아낼 것이기 때문입니다. 그러니 세계사를 절대 어렵다고 생각하지 않으셨으면 좋겠습니다. 저는 여러분과 대화를 하듯, 쉽게 서술할 것이기 때문입니다.

전략적 사고의 효과를 극대화하기 위해서 한 가지 방법을 공유하면 좋을 것 같습니다. 그건 바로 질문을 탐험가의 지도처럼 여기는 습관입니다. 여러분은 '고대 유럽이 중세 유럽인의 생활에 끼친 영향은 무엇인가?'라는 질문을 보면, 어떤 생각이 드시나요? 저는 두 가지 생각이 듭니다. 첫 번째, "범위가 생각보다 방대한데? 이거 도대체 중세 유럽을 어디서 끊으라는 거지?" 두 번째는 이런 생각입니다. "그래, 출제자가 응시자의 구조적 시야를 보고 싶어 하는구나."

아마 많은 분들께서는 저와 비슷하게 첫 번째 생각을 하셨을 것 같습니다. 그러나, 사물을 하나하나 뜯어서 구조적으로 확인하는 걸 좋아하시는 분들께서는 저의 두 번째 의견에 공감하시리라 믿습니다. 지금부터 이런 생각이 왜 중요한지 이야기해 보겠습니다. 먼저, 이 책을 읽는 동안 꼭 길러주셨으면 하는 습관이 있습니다. 지도라는 질문 안에서 인과관계와 핵심 키워드를 찾는 습관입니다. 탐험가들은 지도를 볼 때 위치 하나만 보지 않습니다. 내가 원하는 장소에 도달하기 위해서는 어느 방향으로 가야 하는지도 확인해야 하지만, 그 방향에서는 몇 시에 출발하는 게 좋은지, 그리고 출발해서 몇 시에 도착해야 하는지 등등을 고려합니다.

그럼 다시 예로 돌아가 보죠. 질문을 한번 볼까요? '고대 유럽이 중세 유럽인의 생활에 끼친 영향은 무엇인가?'라는 질문에서 우리가 탐험가처럼 바라봐야 할 건 무엇일까요? 지도 속에서 핵심 키워드들을 뽑아보겠습니다. 그건 바로 고대 유럽, 중세 유럽, 그리고 생활입니다.

눈을 감고 당시의 유럽을 상상해보세요. 사실 저는 상상이 잘 안 됩니다. 정확히 유럽 안에서 어디를 상상할지 아직 못 정했기 때문이죠. 이와 마찬가지로, 질문에 대한 답을 찾고자 하거나 세상 흐름의 방향이 어디로 흘러가는지 파악하기 위해서는 큰 덩어리의 주제를 세분화해서 볼 수 있는 습관을 기르는 게 좋습니다. 예를 들면, 고대 유럽을 살피기 위해 무엇을 집중적으로 질문하며 바라볼지 고민하는 것도 이런 습관에 포함되죠. (이 습관만 잘 들인다면, 어느 분야에서건 답하기 어려워 보이는 질문에도 나만의 틀을 적용해 논리적인 답을 제시할 수 있습니다)

저는 책 전반에 걸쳐서 질문을 지도처럼 여기고, 원하는 방향으로 나아가기 위해 또 다른 세부 질문을 계속해서 던질 것입니다. 그러니 여러분께서도 이 책을 읽으시는 동안만큼은, 지도를 손에 쥔 탐험가처럼 흐름을 적극적으로 파헤치시길 바랍니다.

여러분께서 각 질문마다 어떤 구조적 시야와 전략적 사고를 키우시면 좋을지도 알려드리기 위해, 질문을 시작하는 전

단계에 소소한 메시지와 힌트도 드리도록 하겠습니다. 메시지와 힌트를 통해 흐름을 유추하기만 해도, 남들보다는 더 날카로운 통찰력을 갖게 되실 겁니다.

1장

본능에 눈을 뜨기 시작한 인간

기원전~14세기

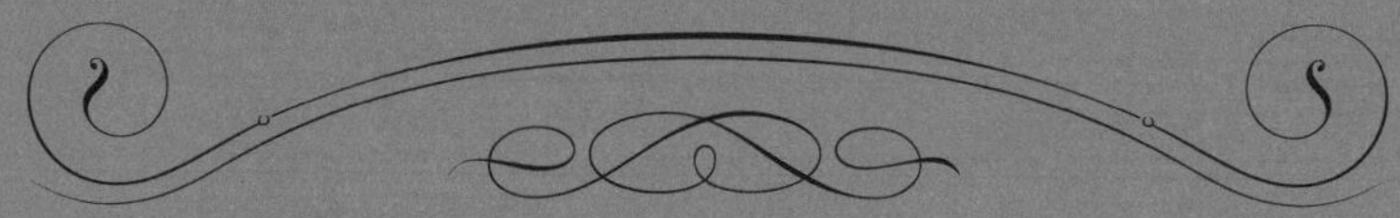

Question 1

고대 유럽이 중세 유럽인의 생활에 끼친 영향은 무엇인가?

힌트

"갑으로서 책임을 지시겠어요?
아니면 을로서 가늘고 길게 가시겠어요?"

- 이 질문은 큰 흐름을 읽는 거시적인 시야를 함양하는 데에 도움이 되는 질문입니다.
- 전략적인 사고력을 키우려면, 작은 것부터 바라보는 게 아니라 전체적인 그림을 파악한 뒤에 큰 것에서 작은 것으로 시선을 옮기는 게 유리합니다.
- 생활이라고 해서 꼭 미시적인 측면만 살펴볼 것이 아니라, 당시 사람들의 '생각 구조'와 '생존 방법'이라는 키워드에 초점을 두어 흐름을 파악하는 것이 도움이 됩니다.

생존

봉건제도의 탄생

위험 탐지 능력

이 질문은 중세 유럽인의 생활 즉 인간의 생존 방법에 대해 묻는다고 보시면 됩니다. '생활'은 다르게 표현하면 인간의 '생존 방법'과도 비슷합니다. 사람은 각자 자신이 처한 환경에 따라 살아가는 방법이 달라지고, 자신만이 갖고 있는 철학에 따라 인생의 방향을 다르게 설정하기 때문입니다.

중세 유럽이라는 세계를 형성하는 데에 크게 기여한 몇 가지 요소가 있습니다. 그것은 고대 그리스, 로마, 기독교, 그리고 게르만족입니다. 우선 고대 그리스와 로마를 살펴보도록 하죠. 고대 그리스에는 아테네의 민주정치와 스파르타의 군국주의가 정치 체제의 양대산맥으로 자리 잡고 있었습니다.

많은 분들께서는 아테네의 민주정치보다 스파르타의 군국주의가 더 무섭다고 느끼실 수도 있을 것 같습니다. 그러나 때로는 스파르타의 군국주의보다 아테네의 민주정치가 조금 더 무서울 때가 있습니다. 군국주의는 을이 욕심을 살짝 버리고 갑에게 충성을 할 경우 살아가는 데에 큰 문제가 없지만, 민주정치는 여러 요소를 두루 살펴야 해서 말과 행동을 항상 조심해야 하기 때문입니다.

말과 행동 하나로 단숨에 나락의 길로 빠질 수 있는 예로 아테네에서 썼던 도편 추방제라는 제도가 있습니다. 이 제도는 인간의 본능을 적나라하게 보여줍니다. 원래 도편 추방제는 독재자가 될 확률이 높아 보이는 사람의 이름을 도자기 파편 위에 적어, 10년 동안 그를 외국으로 추방하는 제도였습니다. 그런데 이렇게 생각해보죠. 본능적으로 인간은 독재자를 무서워합니다. 왜일까요? 독재자가 나의 안위에 '위협'적인 존재가 된다고 느껴지기 때문에 독재자를 두려워하는 것입니다. 자, 그럼 '추방'이라는 키워드를 살펴보도록 하죠. 여기서 핵심적으로 눈여겨봐야 할 부분이 있습니다. 그건 바로 독재자 그 자체가 아니라, 우리의 안위에 '위협'이 되는 요소를 내친다는 것입니다. 그럼 이 일은 어느 순간에 행해지는 게 최선일까요? 맞습니다. 위협적 존재가 우리에게 먼저 실질적인 위협을 가하기 전에, 우리가 먼저 위협적 존재를 추방하면 되는 것입니다.

당시의 아테네는 계급과 상관없이 심지어 빈곤층을 포함해 거의 모든 성인 남자가 민회에 참석해 정치에 참여할 수 있었습니다. 이는 즉 평민도 정치권 강화를 통해 귀족뿐 아니라 힘 있는 지도자에 대립할 수 있었다는 것입니다. 그리고 이것을 갑과 을이라는 상황에서 살펴본다면, 주로 을로 여겨졌던 시민이 오히려 갑이 될 수도 있는 것이고, 갑으로 여겨졌던 실권자들이 을이 될 수도 있다는 것을 의미합니다. 이를테면, 도편 추방제를 악용해서 독재자를 추방하는 게 아니라, 나와 뜻이 다르거나 다시는 보기 싫은 정적의 이름을 도자기 파편 위에 적어서 멀리 추방해버리는 형태로 말이죠. (그래서 아테네에서는 실제로 이 이유로, 도편 추방제의 본래 취지가 변질하여 추후 이 제도를 폐지했습니다)

을이 갑을 이길 가능성

세계사를 공부하면서 '암살'이라는 단어를 제일 많이 목격한 게 고대 로마가 아닐까 싶습니다. 로마에서는 정치 지도자로 살아가기가 정말 힘들었습니다. 까딱하면 죽을 수 있는데, 누가 이런 자리를 탐냈을까요? 그렇지만 여기서 우리는 또다시 생각해봐야 합니다. 그건 바로 권력을 향한 인간의 욕망은 본능적이기 때문에, 이 본능은 거스를 수 없다는 것을 말이죠.

정치로만 보면 로마는 크게 네 가지만 기억하시면 됩니다. 왕정, 공화정, 삼두정, 그리고 제정입니다. 우리는 이 중에서 공화정을 집중적으로 보고자 합니다. 우리가 뒤에서 중세 유럽의 핵심적 특징을 살펴보기 위해서는 로마 공화정 때 나타난 현상을 이해하는 게 중요하기 때문입니다. 우선, 로마는 기원전 8세기 중엽부터 6세기 말까지 왕정 체제를 유지했습니다. 그런데 어느 나라든지, 왕정 체제는 왕이 많은 권한을 국민과 나누지 않는 이상 오래 가지 못합니다. 인간은 본능적으로 자신의 것을 보호하고 챙기려는 마음이 있기 때문에, 조금이라도 자신에게 힘이 생기면 원래 가진 힘보다 더 높은 힘을 탐내기 때문입니다.

이 이유로 로마는 왕정으로 시작했다가 얼마 가지 못해 귀족이 바로 실권을 장악하는 귀족 중심의 공화정 체제를 갖췄습니다. 여기서 흥미로운 점은, 귀족도 이제는 또 누군가의 눈치를 볼 수밖에 없었다는 것입니다. 당시의 로마는 상공업이 점차 발달하면서 평민 또한 부유해졌고, 이렇게 부유해진 평민은 이탈리아반도 정복 전쟁에 참전하며 군인으로서의 역할을 맡으며 참정권을 주장했습니다. 즉, 신분 투쟁이 일어나게 됐다는 건데, 이러한 신분 투쟁으로 로마의 공화정은 본래의 귀족 중심에서 평민의 정치권도 인정해주는 평민권 신장 중심의 공화정을 형성하게 됩니다.

뭔가를 얻게 되면 더 원하게 되는 것이 인간의 본능적 욕망입니다. 이제는 로마가 로마 안에서만 떵떵거리며 사는 우물 안 개구리가 아니라 더 큰 세상을 바라보며 판을 키우고 싶다는 마음이 생겼다는 것이죠. 그리고 이러한 이유로 로마는 카르타고와 포에니 전쟁을 치르며 서지중해를 정복했고, 마케도니아와 그리스 그리고 지금의 튀르키예 영토 중 일부인 아나톨리아를 정복하며 대외적으로도 세력을 넓혀나갈 수 있었습니다.

여기서 우리는 전략적으로 생각하는 시간을 가졌으면 합니다. 힘의 저울이 있다고 가정해봅시다. 지금은 저울이 균형 상태를 이루고 있습니다. 그런데, 이 저울에서 어느 한쪽이 대외적으로 세력을 넓히는 데에 뜻을 더 크게 두고 있다고 가정해봅시다. 거시적 측면에서만 바라본다면, 영향력 확대는 긍정적인 의미로 받아들여질 가능성이 큽니다. 그만큼 외부로부터 얻을 게 많다는 걸 뜻하기 때문이죠. 그런데, 이렇게 생각해보는 건 어떨까요? 대외적 세력 확장이 꼭 좋은 것일까요? 글쎄요. 오히려 때로는 대외적 세력 확장이야말로 몇몇의 사람들에게 제공하는 아주 훌륭한 세력 확보 수단이 되지 않을까요?

철저히 트레이드오프Trade-Off의 관점에서 생각해보시길 바랍니다. 어떤 이가 뭔가를 얻으면, 다른 이는 무언가를 잃게 됩니다. 대외적으로 세력을 넓히려면 그에 따른 대규모의 군인이 필요하고 돈, 식량이 필요합니다. 밖에 나가서 세력을 확장할 동안, 국내에 있는 땅과 다른 인력들은 누가 관리를 할까요? 이 부분이 바로 흐름의 전환점이 되는 포인트입니다. 고대에는 농경 기술이 발달하지 않았습니다. 그래서 로마에서 자영농으로 일을 했던 사람들은 경작을 하고 난 뒤 2~3년 정도는 백수로 지낼 수밖에 없었습니다. 땅을 쉬게 해줘야 다음 농번기에 또 농사를 잘할 수 있었기 때문이죠. 그래서 이들은 일거리가 없을 때 로마의 군인이 되어 자국의 영토를 대외적으로 확장하는 데에 아주 큰 기여를 했습니다.

만약에 영토 확장 범위가 너무 넓어서 농번기가 됐는데도 농민들이 다시 못 돌아오면 어떻게 될까요? 안 봐도 그림이 그려집니다. 이미 노예를 통해 많은 일꾼을 확보하고 있던 부유한 밭의 주인들은 로마를 떠나 먼 곳에서 전쟁을 해도 노예들이 대신 일을 해주면 되니 큰 문제를 겪지 않았습니다. 그러나 1인 기업처럼 홀로 모든 것을 다해야 했던 자영농들은 자신의 밭을 관리하지 못하니, 전쟁터에서 고생이라는 고생은 다 하고 막상 나중에는 더더욱 가난해지게 된 것이죠.

이게 바로 라티푼디움Latifundium이 생겨난 배경입니다. 라티푼디움은 라틴어로 광대한 토지를 의미하는데, 광대한 토지에서 농사를 짓기 위해서는 몇 가지 요건이 지속해서 충족돼야 합니다. 우선 첫째, 큰 땅을 가지려면 땅의 주인이 부자

여야 합니다. 그런데 확률적으로 평민이 부자로 남을 확률이 더 높을까요, 아니면 이미 부자였던 귀족 영주가 부자로 남을 확률이 더 높을까요? 당연히 귀족이 부자로 남을 확률이 높습니다. 두 번째는 노예입니다. 로마 시대의 영주들은 영토를 확장하며 얻은 전쟁 포로와 노예들을 통해 대농장을 꾸릴 수 있었습니다.

이와 반대로, 혼자서 농사를 짓던 자영농들은 여러 일꾼들을 고용해 밭을 갈 수 없었기 때문에, 전쟁에서 살아 돌아온 뒤에는 생계유지라는 명목하에 자신의 땅을 부자 영주에 헐값에 팔 수밖에 없었습니다. 그리고 로마 곳곳에서 이러한 패턴이 반복되는 현상이 나타나자, 영주들은 더 많은 땅을 보유하게 되며 더더욱 부자가 됐고 이를 계기로 영주들은 귀족으로서의 품위를 유지할 수 있었죠.

이 현상이 일어나게 된 원리를 한 단어로 표현해본다면, 저는 자원의 '유한성' 혹은 '제한성'을 들고 싶습니다. 영토 확장도 말이 좋아서 확장이지, 사람이 평생 사는 게 아니기 때문에 영토 확장도 어느 시점에 가서는 제한성이 있습니다. 그리고 이렇게 제한성이 있으니, 궁극적으로는 영토 확장을 통한 전쟁 포로와 노예를 확보할 수 없겠죠. 심지어 로마에서는 노예들끼리 결혼도 하지 못했습니다. 이것이 시사하는 의미는 매우 큽니다. 결혼을 하지 못하니 대를 이을 수 없어 노예의 수가 줄었고, 이 때문에 라티푼디움은 점점 마비되어 갔기 때문입니다. 따라서 로마는 인력수 부족으로 인해 라티푼디움을 운영하기가 어려워졌고, 라티푼디움으로 야기된 빈부격차는 로마 평민과 귀족 간의 싸움을 더욱 부추길 수밖에 없었습니다. 그리고 이럴 때 노예들도 검투사 스파르타쿠스가 이끌었던 반란에 동참을 했었으니, 로마는 더더욱 혼돈의 시기에 빠질 수밖에 없었던 것이고요.

혼돈의 시기가 도래하면 가장 주도적으로 움직이는 세력이 있습니다. 맞습니다, 군인입니다. 로마도 귀족과 평민 간 갈등이 극에 달할 때 군인이 정치에 개입하는 기회를 갖게 되는데, 이때 활약을 했던 자가 가이우스 율리우스 카이사르 Gaius Julius Caesar입니다. 그러나 뭘 하든 무력에는 큰 약점이 따릅니다. 무력은 효과가 너무 강한 나머지 제삼자로 하여금 통제에 대한 공포를 느끼게 하기 때문입니다. 그래서일까요? 전제 정치와 통제에 대한 두려움 때문에 카이사르는 그의 반대파들에 의해 암살을 당했고, 이후로도 로마의 많은 황제들은 암살을 당했습니다. 그리고 전제 군주제를 통해 황제권을 강화한다고 해도 모든 것에는 '유한성'이 있기 때문에 결국 로마도 멸망 직전에는 동로마와 서로마로 분리되며 힘을 잃었죠. 물론, 동로마는 추후 약 1천 년간 그 명맥을 이어가며 비잔틴 제국으로 재탄생하지만, 서로마는 얼마 안 되어 게르만족에 의해 사라지게 되고요.

조금씩 보이는 봉건제의 모습

앞서 분명 고대 로마가 멸망 직전까지 전제 군주제를 통해 황제권을 강화하려 했다고 말했습니다. 그럼 황제들이 권력을 유지하기 위해 실천했던 방법에는 어떤 것들이 있을까요? 이 대목은 여러분이 당시의 로마 황제라고 가정해보고 답을 해주시면 좋을 것 같습니다. 로마 황제들은 군 출신이 많았다는 특징이 있습니다. 군 출신이 권력을 얻는 방법 중 우리가 가장 잘 알고 있는 방법이 있죠. 바로 쿠데타입니다.

칼 쓰는 사람은 칼로 죽는다는 말이 있듯이, 군 출신으로 권력을 획득한 사람은 자신 또한 언제든 또 다른 쿠데타 세력에 의해 황제의 자리를 잃을 수 있다는 걸 잘 압니다. 그렇기 때문에 당시의 로마 황제들은 주로 이런 생각을 했습니다. "군인들한테 돈을 더 주면 나를 배신하지 않겠지?"

로마를 멸망으로 빠르게 이끌었던 최악의 방법이 바로 주화 살포입니다. 한마디로 인플레이션이죠. 당시의 로마 군인들은 주화로 월급을 받았는데, 교회나 성당에 다니시는 분들은 설교와 성경을 통해 데나리온Denarius이라는 표현을 들어보신 적이 있을 겁니다. 데나리온은 세계 최초의 기축 통화였던 로마의 화폐인데, 로마의 황제들은 쿠데타를 방지하기 위해 이 주화를 군인들에게 대규모로 살포했습니다. 철저한 경제적 보상만큼 황제의 자리를 보호하는 수단이 없다고 여겼기 때문입니다.

돈이 세상에 뿌려지면 돈의 가치가 낮아진다는 것은 모두가 아는 사실입니다. 그럼 이렇게 낮아진 돈의 가치로 어떻게 생계를 유지할까요? 이건 생계라는 미시적인 차원의 질문이니, 한번 거시적 차원의 질문도 해보겠습니다. 로마 주화의 가치는 그냥 돈의 가치도 아니고, 기축 통화의 가치를 의미합니다. 기축 통화의 가치가 떨어진다면 과연 상공업이 발달할 수 있을까요?

발달하기 어렵습니다. 우선 화폐의 가치가 떨어지면 물가가 부담스러워서 지갑을 열기가 힘들어지고, 소비심리가 위축되면 가벼운 사치 자체도 꺼리게 되기 때문입니다. 이러한 이유로 당시의 로마 사람들 그리고 군인들은 이런 생각을 했습니다. "에라, 모르겠다. 그냥 시골 부잣집 영감님네 경호원이나 해야겠다. 아니면 그냥 고향에나 가서 농사나 지어야겠다. 내 입에 풀칠만 하고 살면 돼."

주로 위기의 상황 때 국민의 입에서 '에라, 모르겠다'라는 말이 나오면, 그 의미는 이제 중앙집권형 국정운영은 힘을 잃었고 지역 중심의 탈중앙화 제도를 선호한다는 걸 의미합니다. 믿고 따를만한 중앙 리더가 없을 때는 지역 사람들끼리라도 똘똘 뭉쳐서 잘살아 보자는 마음이 강하게 들기 때문이죠. 사실 이미 로마의 귀족들은 군 출신이 황제의 자리에 오르는 것을 보며, 전제 군주제에서는 귀족이 힘을 유지하기가 어려

우니 애초에 정치에 손을 떼고 자신들의 고향이나 라티푼디움으로 돌아가 귀족의 명맥이나 잇자는 경향이 컸습니다. 그리고 군인들 또한 인플레이션으로 황제가 군대를 유지할 수 없다는 것을 깨달은 이후에는, 남은 인생 고생 안 하고 고향에 돌아가서 작게나마 귀족들 밑에서 일하며 자급자족하는 데에만 집중하게 됐고요.

황제의 입장에서 보면, 귀족은 그렇다 치더라도 군인을 잃는다는 것은 자신의 권력뿐 아니라 나라 자체의 근간이 흔들린다는 것을 의미합니다. 그래서 당시의 로마는 어쩔 수 없이 게르만족 같은 이방인에게도 용병이 될 수 있는 기회를 허락했는데, 이 중 오도아케르Flavius Odoacer라는 게르만족 출신의 용병대장은 로마의 극심한 인플레이션과 게르만족의 대이동을 기회로 삼아, 서로마의 마지막 황제였던 로물루스 아우구스투스를 강제 퇴위시켰습니다. 그리고 이로써 유럽은 고대 로마를 지나 중세 유럽의 첫 시작을 알리며, 그 유명한 중세 봉건주의 그리고 장원주의의 서문을 열게 됩니다.

갑으로서 갖는 책임 혹은 을로서 만족하는 삶

여러분께서 한번 직접 당시의 유럽 시민, 특히 멸망한 서로마 제국의 시민이자 게르만족이었다고 상상해보고 중세 유럽인의 생존 전략을 살펴보시면 좋을 것 같습니다. 우선 서로마 제국의 시민이 되었다고 먼저 가정해보겠습니다.

당신은 멸망한 서로마의 귀족입니다. 부자인 당신은 예전에 한창 잘 나갈 때 자영농들로부터 헐값에 땅을 산 덕분에 광대한 농작지도 갖고 있고, 또 인플레이션 때문에 군인 그만두고 경호원으로 일하겠다는 일꾼들도 있군요. 이번엔 평민들도 살펴보도록 하죠. 당신은 서로마의 평민으로 뭘 갖고 있죠? 아이고, 이런. 왕년에는 장사도 하고 개인 농사도 하면서 나름 먹고사는 데는 지장이 없었는데, 이제는 무일푼이 되었군요. 그럼 생계는 어떻게 유지하고 있나요? 아, 영토 확장 전쟁이 끝나면서 노예 공급이 끊기니, 그나마 남은 노예들이랑 같이 농촌에서 소작농으로 일하고 있군요.

이번에는 게르만족의 입장에서 살펴보겠습니다. 당신은 게르만족입니다. 당신은 왜 서로마로 이주를 한 거죠? 원래 살던 곳에 중앙아시아 출신인 훈족이 침입해서 로마로 도망쳐 온 거였군요. 날씨 좋은 데서 농사도 더 잘 짓고 싶은 마음도 있었고요. 그럼 하나만 더 물어보겠습니다. 서로마 제국은 어떻게 보면 당신네가 이주해오면서 멸망한 거나 마찬가지인데, 앞으로는 이 지역에서 어떻게 살아갈 계획인가요? 아, 로마인이랑 잘 융화하기 위해 기독교로 개종할 것이고, 여러분만의 왕국도 세울 것이군요.

멸망한 서로마 제국의 시민과 게르만족의 생존 전략을 보며, 어떤 생각이 드시나요? 저는 그들의 생존 전략을 보며 이런 생각을 했습니다. "인간은 생존을 위해서는 을이 되는 것을 마다하지 않고, 갑도 을과 평화로운 관계를 유지하기 위해서는 자신이 위협적인 존재가 아니라는 것을 입증하는 게 매우 중요하군."

앞서 이야기했던 도편 추방제를 기억하시나요? 도편 추방제가 지니고 있던 가장 큰 힘은 자신에게 위협이 되는 존재를 도편 추방제라는 제도를 통해 멀리 추방함으로써 위협 자체를 제거하는 것이었습니다. 그럼 이 위협이라는 개념을 게르만족에 적용해보겠습니다. 게르만족은 어떻게 해서 자신이 위협적이지 않다는 것을 증명했죠? 그들은 매우 영리하게도 종교를 통해 자신이 신뢰할 수 있는 존재라는 것을 입증했습니다.

종교는 신앙 즉 믿음을 의미합니다. 그런데 이런 종교를 기독교로 개종한다는 것은 "당신의 믿음을 나의 믿음으로 받아들이겠습니다"라는 의미와 같습니다. 그럼 로마 시민의 입장에서 봤을 때, 자신들의 믿음을 똑같이 받아들이겠다고 하면 기분이 어떨까요? 특히나 서로마 멸망 이후 이슬람의 침략이 일어났던 것을 고려한다면, 우선 적어도 게르만족은 종교적 이유로 자신들을 헤칠 위협적인 존재는 아니라는 생각이 들 것입니다. (참고로 이러한 로마 시민들의 믿음을 더욱 확실시해줬던 계기가 있었으니, 그것은 바로 동로마 제국의 간섭을 벗어나

려던 교황이 당시 프랑크 왕국의 카롤루스 대제를 서로마의 황제로 대관한 일입니다)

좀 더 현실적으로, 멸망을 경험한 서로마 시민들의 생존 전략을 살펴보겠습니다. 우선 평민의 입장에서 봤을 때, 지금 이들은 원하든 원치 않든 생계를 유지하기 위해 어떤 일이든 해야 합니다. 그런데 당시에는 극심한 인플레이션으로 도시의 상공업이 무너졌으니, 그나마 일거리를 줄 수 있는 존재는 농촌의 귀족 영주들밖에 없었습니다. 하여, 평민들은 영주들에게 가서 일자리를 달라고 해야 했습니다. 그뿐만이 아닙니다. 황제와 제국을 위해 싸웠던 군인들도 이제는 새 일터를 찾아야 했으니, 이들에게도 남은 대안은 농촌에 있던 부자 영주들을 찾아가는 것이었습니다.

인간은 희망을 잃을 때 철저히 생존 중심의 삶을 추구하며 누군가의 을이 되어서라도 가늘고 길게 가는 전략을 선호하는 경향이 있습니다. 그럼 이와 반대로 귀족 영주들은 어땠을까요? 당연히 이들도 군인들과 농민들이 절실히 필요했습니다. 두 가지 이유 때문입니다. 첫째, 아무리 돈이 많은 귀족도 자신의 힘을 유지하기 위해서는 세력을 모아야 했습니다. 세력을 모으는 최고의 방법은 무력을 갖추는 것입니다. 그리고 이런 측면에서 황제와 제국을 위해 열심히 싸웠던 로마의 군인들은 귀족들에게 훌륭한 전사가 되어줄 수 있었죠. 둘째, 라티푼디움은 말 그대로 광대한 토지를 의미합니다. 따라서,

토지에 대규모로 노예가 투입되지 않는 상황에서는 농작지를 유지하는 게 어렵습니다. 즉, 영주들은 농업생산량 문제를 해결하기 위해서라도 수많은 농사꾼이 필요했다는 걸 의미합니다.

이런 이유로 군인과 농민은 귀족 영주들에게 있어서 꼭 필요한 존재였습니다. 그런데 이렇게 필요한 인력과 오랫동안 함께 하기 위해서는 뭐가 더 필요했을까요? 답은 아주 간단합니다. 본인이 갑으로서 을인 그들을 책임지고 보호하겠다는 약속만 하면 되는 것입니다. 물론, 을인 그들도 갑을 위해 최선을 다해서 일하고 그에 따른 결과물을 바치겠다고 약속하는 것도 포함하고요. 이는 즉 서로가 서로의 이익을 위해 상호호혜적인 관계를 약속하고 유지한다는 것을 의미하는데, 이것이 바로 중세 유럽의 세계관을 형성했던 봉건제와 장원제입니다.

봉건제는 주종관계가 중요합니다. 주종관계는 쉽게 말해서, 봉신인 종속 세력이 지배 세력인 주군에게 충성을 약속하고 이에 따라 봉토를 부여받는 걸 의미합니다. 봉건제가 정치적인 성격을 띤다면 장원제는 경제적인 성격을 띠는데, 봉신은 영주로서 봉토를 관리할 뿐 아니라 촌락 형태의 장원과 농민들을 보호해야 하는 의무가 있습니다. 물론, 이 농민들은 영주의 허락이 없이는 장원을 떠날 수 없었고 공납으로 현물도 바쳐야 했고요.

언제든 바뀌는 갑과 을의 위치

우리가 답하고자 했던 질문은 이렇습니다. '고대 유럽이 중세 유럽인의 생활에 끼친 영향은 무엇인가?' 우리가 이 질문을 통해 의미 있게 살펴보고자 했던 핵심은 바로 인간의 생존 전략입니다. 결과적으로, 유럽인은 중세 초기에 봉건제와 장원제를 통해 총 두 가지 생존 방식을 구사했습니다. 하나는 을이어도 가늘고 길게 가는 생존 전략이고, 다른 하나는 갑으로서 을을 보호해 주는 전략입니다.

당시의 갑과 을이 서로의 이익을 위해 일할 수 있었던 이유는 이 관계가 상호호혜적이면서도 양방의 약속 이행을 전제로 했기 때문입니다. 그리고 이러한 중세 초기 유럽인의 생존 방식을 형성하는 데에 크게 기여했던 것은 고대 그리스에서도 존재했던 인간의 위험 탐지 본능 그리고 고대 로마의 라티푼디움과 인플레이션이었습니다.

우리는 이 질문을 통해 중세 유럽인이 갑과 을의 관계에서 어떤 눈치를 살피며 자신만의 생존 전략을 세웠는지 파악할 수 있었습니다. 그런데 흥미로운 점은, 중세 유럽인은 이러한 생존을 위해 언제나 끊임없이 자의적이든 타의적이든 갑과 을의 위치를 바꾸며 흐름에 따라서 살았다는 것입니다.

흐름에 따라 산다는 것은 그만큼 유연한 자세를 취하는 것을 의미합니다. 사람이 초지일관初志一貫해야 한다고 하지만,

상황에 따라서는 잠시 물러서는 법도 아는 게 중요하다고 봅니다. 상황에 따라 자신의 위치를 겸허히 수용하고 변화를 준비하는 자세. 이것이 중세 유럽인이 우리에게 전하고 싶던 메시지가 아닐까요?

Question 2

질병이 사회적, 경제적 변화에 끼치는 영향은 무엇인가?

힌트

"무서운 건 위기 그 자체가 아닙니다.
무서운 건 위기의 상황 때 보이는 인간의 본모습입니다."

- 이 질문은 위기가 발생할 때 인간이 어떤 모습을 보이는지 관찰하기 좋은 질문입니다.
- 질병 그리고 사회적, 경제적 변화 사이의 연결 고리를 찾기 위해서는 행위자가 필요합니다. 행위자는 주로 어떤 기준에 근거하여 결정을 내릴까요?

본색

흑사병

조용한 대량살상무기, 페스트균 그리고 흑사병

대량살상무기는 말 그대로 대규모로 사람을 죽일 수 있는 무기여서 대량살상무기라는 이름을 갖게 되었습니다. 국제정치에서는 이를 Weapons of Mass Destruction 즉, WMD라고도 부릅니다. 대량살상무기에는 몇 가지 종류가 있는데, 그중 우리가 가장 잘 알고 있는 것은 핵무기, 화학무기, 그리고 생물무기가 있습니다.

대량살상무기는 한 번만 사용해도 너무나 큰 희생을 치를 뿐 아니라 지구 전체를 초토화시킬 수 있기 때문에 현재 국제 사회는 핵확산금지조약Nuclear Nonproliferation Treaty, NPT, 화학무기금지협약Chemical Weapons Convention, CWC, 그리고 생물무기금지협약Biological Weapons Convention, BWC을 통해 대량살상무기를 통제하고 있습니다. 그럼, 이 부분에서 중요한 질문을 던져보겠습니다. 과연 정말로, 국제 사회가 이 세 가지 조약과 협약을 가지고 대량살상무기를 통제할 수 있을까요?

아주 냉정한 답을 드리죠. 절대 불가능합니다. 이 질문에 단호한 태도를 보이는 이유는 오직 하나입니다. 무기는 그 자체로는 위험하지 않기 때문입니다. 무기가 위험해지는 유일한 이유는 그 무기를 쓰겠다고 결심하는 인간의 마음과 행동일 뿐입니다. 그렇기 때문에, 국제정치학에서는 대량살상무기에 대해 논할 때 다음의 개념을 확실히 짚고 넘어갑니다. 그것은 바로 '상호확증파괴Mutually Assured Destruction, MAD'입니다.

상호확증파괴는 "어디 한번 해봐! 오늘 너 죽고 나 죽자!"입니다. 그런데 아이러니하게도 핵은 양쪽이 동시에 모두 보유하고 있을 때 역설적인 평화를 이루기도 합니다. 한 번 터지면 모두가 희생당할 수도 있다는 것을 양쪽이 인지하고 있기 때문에, 함부로 버튼을 누르지 못하는 것이죠. 그러나 만약에, 내가 가진 무기가 남의 눈에 보이지도 않고 만져지지도 않으면서 딱 며칠 후에 효과가 나타나 적을 제거할 수 있다면, 여러분께서는 이 무기를 사용하시겠나요? 이 무기는 우리가 세계사를 통해 가장 많이 들어본 생물무기, 바로 14세기 중세 유럽을 강타했던 흑사병의 원균인 페스트균입니다.

뒤끝 있는 상호확증파괴

중세 유럽의 흑사병 감염 경로를 정확하게 밝힌 이론은 없습니다. 그렇지만 역사가들 사이에서 오고 가는 이야기 중, 가장 신빙성이 높은 주장은 바로 카파 전투를 통한 감염입니다. 카파 전투는 인류 최초의 생물무기전으로도 알려져 있는데, 14세기 중반 카파는 크림반도의 도시 중 하나였으며 이곳은 이탈리아 제노바 상인들의 교역지 중 하나이기도 했습니다.

몽골 제국은 13세기부터 14세기까지 세계에서 가장 큰 육지 제국이었습니다. 이는 한마디로 땅의 크기에 맞게 제국의 힘 또한 매우 컸다는 것을 의미하죠. 그러나 그런 몽골 제국도 유독 이곳만큼은 뚫기가 힘들었는데, 그곳이 바로 카파였습니다. 카파는 난공불락의 도시로도 유명합니다. 카파는 성벽 자체를 콘크리트로 만들었기 때문입니다. 그러나 이 이유로 몽골 제국은 몇 년 동안 카파를 점령할 수 없었습니다. 그리고 당시의 몽골군은 카파에 무려 4만 명이나 몰려 있었기 때문에, 인구 밀집도가 높은 곳에 전염병이 퍼지며 군인들은 죽어 나가기 시작했습니다.

전염병으로 점차 병력이 줄어들었던 몽골군은 몇 년을 공격해도 카파 성이 함락하지 않으니, 이런 결정을 내렸습니다. "오냐, 참 대단하다. 근데 그냥 돌아가지는 않을 거야. 어디 한 번 너네도 당해봐라." 너도 죽고 나도 죽는 건 상호확증파괴를 전제로 한 공격 전술을 의미합니다. 몽골군은 실제로 이 전술을 썼으며, 그 전술은 바로 흑사병으로 죽은 몽골군의 사체를 성벽 안으로 던지는 것이었습니다.

이것이 14세기 중세 유럽에 흑사병이 창궐하게 된 핵심 배경 중 하나입니다. 이제 감염 경로에 대해서는 살펴봤으니, 지금부터는 질병이 한 사회의 사회적, 경제적 변화를 어떻게 일으키는지 살펴보도록 하겠습니다.

알 수 없는 죽음

본론으로 들어가기 위해서 몇 가지 핵심 키워드들을 살펴보겠습니다. 첫 번째 키워드는 목욕과 기독교입니다. 목욕과 기독교라니 너무 뜬구름 잡는다는 생각이 드시나요? 그러나 이 두 개의 키워드를 당시의 중세 유럽과 연결 지어서 생각해보시길 제안합니다. 여기서 조금 더 힌트를 드린다면 우리가 맨 처음 다뤘던 질문인 '고대 유럽이 중세 유럽인의 생활에 끼친 영향은 무엇인가?'를 생각해보시길 바랍니다.

눈치채셨나요? 우리는 중세 유럽의 탄생 배경에 고대 로마가 있었다는 것을 배웠습니다. 고대 로마는 특이한 문화를 갖고 있었습니다. 다름 아닌 목욕 문화인데요. 로마 사람들에게 목욕은 마치 오후에 꼭 한번 마셔줘야 하는 커피와도 같은 존재였습니다. 로마는 인구 밀도가 높아서 위생에 철저히 신경을 쓸 수밖에 없었습니다. 그래서 로마인들은 목욕탕에서 정치 이야기도 하고, 사업 이야기도 하고, 은밀한 애정 행각도 벌이는 등 많은 활동들을 했습니다. 그러나 이유를 막론하고, 목욕은 로마인의 질병 예방에 큰 몫을 차지한 것은 분명합니다.

기독교라는 키워드로 넘어가 보겠습니다. 앞서 언급된 목욕에서 나타날 수 있는 여러 문제 중 하나를 기독교가 강조하는 어떤 정신과 연결해서 생각해보시면 좋습니다. 기독교에서는 정결한 영혼 즉, 순결을 강조합니다. 그런데 중세 유럽, 특히 십자군 전쟁 이후에는 기독교가 단순한 종교가 아니라 중세 유럽인의 모든 것을 좌지우지하는 원동력이자 세계관 그 자체였습니다.

질병을 예방하는 데는 위생이 매우 중요하지만 중세 유럽인은 잘 씻지 않았습니다. 그들의 종교관 때문입니다. 기독교를 삶의 중심에 뒀던 중세 유럽인들은 고대 로마의 목욕 문화 즉, 문란한 쾌락 문화를 경멸했습니다. 앞서 이야기한 것처럼, 로마인들이 목욕탕에 가서 순수하게 몸만 씻고 나온 것은 아니었을 겁니다. 오죽하면 역사학자들은 로마가 목욕 문화 때문에 멸망했을 수도 있다고 말하며, 로마의 목욕 문화가 대단히 쾌락을 추구했다는 점을 강조합니다. 심지어 어떤 로마인은 묘비에 이런 말을 남겼다고 하죠. "목욕과 포도주 그리고 성교는 나를 망가트리지만, 목욕과 포도주 그리고 성교는 인생의 진수다."*

안 그래도 십자군 전쟁으로 더더욱 기독교의 가치관을 숭고하게 받아들인 중세 유럽인들에게 목욕은 정결한 영혼을 혼탁하게 만드는 쾌락의 상징이었습니다. 그래서 이들은 땀을 흘려도 옷만 갈아입었지, 목욕은 하지 않았죠. 즉, 페스트균이 유럽 전역을 덮칠 당시, 중세 유럽인들은 전염병에 걸리기 가장 좋은 조건인 잘못된 위생 관념을 갖추고 있었던 겁니다.

두 번째 키워드입니다. 십자군 전쟁과 도시. 중세 유럽을 이야기할 때는 십자군 전쟁이 빠지려야 빠질 수가 없습니다. 중세 유럽인의 생존 전략에 큰 영향을 미쳤던 봉건제와 장원제도 십자군 전쟁 이후에 막을 내렸기 때문입니다. 우선 봉건제와 장원제의 특징들을 상기해보며 이것이 어떻게 질병과도 연결되는지 살펴보도록 하겠습니다. 기억하시는 것처럼 장원제와 봉건제는 탈중앙화라는 성격이 짙습니다. 탈중앙화는

* Antonio Marco Martínez. "Wine, sex and baths ruin our bodies, but··· (Balnea vina Venus corrumpunt corpora, sed···)", Antiquitatem-History of Greece and Rome, April 4, 2016. 참조.

지리적으로 무엇을 암시할까요? 중앙으로부터 멀어지면 그건 도시가 아니라 주로 농촌 지역을 의미합니다.

봉건제와 장원제가 사회의 핵심 제도로 자리 잡혔던 시대의 사람들은 마을에 있는 영주한테 최선을 다했습니다. 을로서 가늘고 길게 가더라도 갑이 을을 보호해 준다면, 그것만으로도 어느 정도는 먹고살 수 있는 자급자족의 삶이었기 때문입니다. 그렇기 때문에 이들의 주 터전은 농경지가 있는 시골이었습니다. 시골은 인구 밀집도가 도시에 비하면 매우 낮은 수준입니다. 그런데 십자군 전쟁이 일어난 이후에는 원거리 무역이 성행했습니다. 즉, 도시를 중심으로 발전하는 상공업과 화폐경제가 살아나게 되니, 십자군 전쟁 이후로 중세 유럽은 도시로 인구가 몰리는 현상을 겪게 되었죠.

도시라는 키워드를 자세히 살펴보기 전에 이 부분도 덧붙여 보겠습니다. 장원제의 경제적 축을 담당하는 것은 농업입니다. 중세 유럽 곳곳에서 장원제가 이루어졌다는 것을 고려한다면, 우리는 당시의 중세 유럽이 농업 기술을 통해 대량의 식량 생산과 인구 증폭을 경험했다는 것을 알 수 있습니다.

그럼, 인구의 조건을 통해 도시라는 키워드를 살펴보도록 하죠. 늘어난 인구, 활성화된 무역, 그리고 도시. 질병에 걸리기 너무나 완벽한 구조입니다. 전염병의 특징은 세균이 서식할 수 있는 숙주가 많으면 많을수록 빠르게 퍼진다는 것입니다. 이 말은 즉 상식적으로 전염의 여파가 큰 곳은 농촌이 아니라 숙주가 많이 거주하고 있는 도시라는 걸 의미합니다.

실제로 이탈리아의 피렌체와 베네치아는 흑사병이 창궐했을 당시 도시 인구의 절반이 사망한 것으로 나타납니다. 베네치아는 물의 도시로도 알려질 만큼 이탈리아 해상 교역의 핵심지였고 이와 반대로, 피렌체는 로마로 가기 위해서는 꼭 거쳐야 하는 무역과 금융의 중심지였기 때문에 사람들이 많이 몰릴 수밖에 없었습니다. 더군다나 이 시기는 기독교가 이들 생활의 시작이자 끝이었습니다. 이때 사람들은 다 같이 모여서 기도를 하다가 세균이 호흡으로 옮기는 폐 흑사병에 걸려서 사망하기도 했으니까요. 이런 모습이 비단 피렌체와 베네치아에서만 나타난 것은 아닙니다. 위생 관념이 약하고 사람이 많이 몰려 있는 곳에서는 흑사병으로 많은 사람들이 죽었다는 것을 의미합니다.

우리와 다른 그들

아무리 세균이 번식하기 좋은 환경을 갖추고 있더라도 흑사병으로 인한 사망률이 다른 곳들보다 상대적으로 낮았던 지역이 있었습니다. 바로 밀라노입니다.

밀라노도 피렌체와 베네치아처럼 인구 밀도가 높은 대도시였습니다. 그러나 밀라노는 한 가지 부분에서 확연히 다른 모습을 보여줬는데, 그건 바로 엄격한 격리 조치를 취했다는 것입니다. 놀랍게도 당시의 밀라노 의사들은 현재 전 세계 각국에 있는 질병관리청이 조처하는 것과 똑같은 조치를 취했습니다. 밀라노는 비단 흑사병이 아니더라도 조금이라도 아픈 환자는 가족으로부터 10일 동안 격리하게끔 했죠. 그리고 그 가족들 또한 외부인과 접촉할 수 없도록 만들었고요. 밀라노의 의사들이 이런 격리 조치를 취한 이유는 환자의 증상을 살피기 위해서였습니다. 흑사병은 잠복기가 최소 1일 그리고 최대 7일 정도로 알려져 있는데, 밀라노의 의사들은 이 기간에 환자의 모든 증상을 살폈습니다.

더 놀라운 것은, 이렇게 10일 동안 격리를 했는데도 증상이 완화되지 않는 경우에는 환자를 아예 흑사병 전담 관리 병원으로 옮겼다는 것입니다. 그뿐만 아니라 밀라노는 순례자들이 도시를 우회해서 갈 수 있도록 도시 외곽에 순례자들을 위한 움막도 설치해줬습니다. 이런 것 하나하나 세세하게 신경 썼던 것을 보면, 밀라노가 확연히 다른 도시들에 비해 흑사병으로 인한 사망자 수를 크게 줄일 수 있었다는 것을 이해할 수 있습니다.

좀 더 나아가 인구 자체가 가졌던 특징도 살펴보겠습니다. 특이하게도, 중세 유럽에 흑사병이 창궐했을 당시 유독 '이 민족'의 사망률은 현저히 낮았습니다. 바로 유대인입니다. 유대인은 과거 유럽에서 온갖 탄압이란 탄압은 다 받은 민족이죠.

당시의 기독교인이 본 유대인은 예수를 핍박하고 죽인 민족입니다. 예수는 기독교의 상징을 넘어서 '존재의 이유' 그 자체입니다. 당연히 당시의 중세 유럽인들이 유대인을 바라보는 시선이 좋을 리 없었겠죠. 그뿐만 아니라 중세 유럽인은 기독교를 믿었기 때문에 성경에 따른 삶을 살 수밖에 없었습니다. 성경에는 채권과 이자와 관련한 구절들이 많습니다. 핵심은 이겁니다. 사람 가지고 돈놀이하지 말라는 것입니다. 시편 15편 5절에 따르면 '주의 장막과 성산에 거할 자'는 돈놀이하지 않는다고 알려져 있습니다. 바로 이런 성경적 가치관과 근거들 때문에 중세 유럽인은 쉽사리 금융업에 손을 댈 수 없었던 겁니다.

그러나 이에 반해 유대인은 달랐습니다. 유대인은 성경이 아닌 율법에 근거한 율법적 삶을 살았기 때문에, 이들은 금융업에 손을 댈 수 있었고 고리대금업을 통해 돈을 벌 수 있었습니다. 물론, 돈과 관련된 일에는 큰 질투도 따르고 온갖 설욕도 따르기 때문에 이들은 중세 유럽인으로부터 언제나 멸시를 당했습니다.

흥미로운 점은 유대인의 탈무드와 율법인 토라Torah를 읽어보면 그들이 왜 질병에 잘 걸리지 않았는지를 알 수 있다는 것입니다. 유대인들은 그 무엇보다 손을 정결케 하는 것을 매우 중요하게 생각했습니다. 탈무드에 나온 이런 문장을 보시죠.

손을 씻는 것을 대수롭지 않게 여기는 사람은 파문될 것이다.

이처럼 유대인들의 위생 수칙은 흑사병에 대응하는 데에 큰 빛을 발휘했습니다. 그러나 유대교에 관심이 없는 중세 유럽인들은 탈무드도, 토라도 모르니 당연히 이들이 왜 위생을 통해 질병에 효과적으로 대응할 수 있었는지 알 길이 없었습니다. 그러나 인간은 이렇게 위기 상황일 때 대단히 본능적으로 나오는 경향이 큽니다. 흑사병이 창궐하는 위기의 상황 때 기도를 해도 병이 낫지 않고 옆에 있는 가족들은 계속 죽어 나가니, 중세 유럽인들은 이런 생각을 하기 시작했다는 것입니다. "아무리 생각해도, 하늘이 화가 나셔서 우리에게 천벌을 내리시는 것 같아. 예수를 죽인 유대인들. 내가 이럴 줄 알았어. 봐, 유대인은 안 죽잖아? 분명히 유대인이 뭔가를 꾸몄을 거야."

드디어 드러나는 본색

내가 상대하는 사람이 어떤 사람인지 가장 쉽게 파악하는 방법이 있습니다. 최악의 상황일 때 그 사람의 생각과 말 그리고 행동을 보는 것입니다. 사람은 누구나 최고의 상황에 있을 때는 좋은 모습만 보여줍니다. 그래서 몇몇은 상대의 단편적인 모습만 보고, 상대가 좋은 사람일 것이라고 착각하는 실수를 범하기도 합니다. 그러나 사람은 위기의 상황일 때 본색을 드러냅니다. 위기는 마치 벼랑 끝과 같아서 발을 조금만 삐끗해도 땅으로 추락하기 때문입니다.

중세 유럽의 유대인들은 인종적으로도 차별받았지만, 사회경제적인 측면에서도 차별을 받았습니다. 유대인들은 고리대금업을 하며 생계를 유지해왔는데 사실 그들이 원해서 그 일을 택한 것은 아니었습니다. 유대인들은 직업을 선택하는 데에 있어서 선택권이 거의 없었기 때문입니다. 1078년 교황은 유대인의 공직 취업을 금지했고, 1215년 라테란 공의회는 유대인의 수공업 종사도 금지했습니다. 그뿐만 아니라 유대인은 봉건제와 장원제에 예속되지 않았기 때문에 쉽사리 농민이 될 수도 없었습니다. 이렇게 직업적 선택이 제한되다 보니 유대인들이 기독교에서 부정하다고 여기는 고리대금업을 할 수밖에 없었던 것입니다.

흥미로운 점은 이렇게 교황의 직접적인 억압에도 불구하고, 장원의 영주들은 단지 돈이 필요해 유대인들을 잘 대해주었습니다. 당시 중세 유럽 각국의 왕들은 세력을 키우고 더 큰 지역을 갖기 위해 끊임없이 전쟁을 치렀는데, 아무리 세금을 걷어도 전쟁 자금을 충당하기에는 어려웠습니다. 그래서 결국, 이들은 유대인들에게 손을 벌릴 수밖에 없었습니다.

흑사병이 창궐해서 유럽 전역의 사람들이 죽어 나가는 가운데 유대인들의 높은 생존율은 역사 흐름의 전환점이라 할 수 있습니다. 흑사병을 명분으로 중세 유럽인들이 유대인을 탄압하고 학살했던 것입니다. 당시의 중세 유럽인들은 서민과 제후 그리고 왕 할 것 없이 유대인들로부터 많은 돈을 빌렸습니다. 그런데 역병이 창궐하고 나니, 왕과 제후들에게는 돈이 별로 없었습니다. 열심히 일하던 농노들과 상인들이 죽어 돈 나올 곳을 찾으려야 찾을 수가 없었기 때문이죠. 돈 나올 곳이 없다는 뜻은, 기득권이 유대인들로부터 빌렸던 대출금을 갚지 못하고 있었다는 것을 뜻합니다. 이때, 인간은 철저히 본능에 따라 움직이게 됩니다.

흑사병으로 많은 사람들이 죽고 경제적으로 상황이 안 좋아지자, 영주들이 가장 먼저 했던 일이 있습니다. 그것은 유대인을 향한 대중의 분노를 눈감아주는 것이었습니다. 당시의 사람들은 이미 제정신을 잃었기 때문에 화를 어디에든 표출해야 했습니다. 이때 유대인들이 대중의 표적이 됐으니, 기득권의 입장에서는 그 상황이 무척 반가웠을 겁니다. 유대인이 탄압받아 죽거나 멀리 도망가게 되면, 영주들은 유대인들로부터 빌린 돈을 갚지 않아도 됐으니, 이들로서는 이 이상의 훌륭한 빚 청산 전략이 없던 것입니다.

그런데 이보다 더 무서운 사실도 존재합니다. 탄압으로 죽은 유대인들의 재산이 당시 중세 유럽 기득권들의 재산으로 귀속됐다는 것입니다. 생각해보면 현대 사회에서도 그렇습니다. 가족이 없는 사람이 죽으면, 이 사람의 재산은 정부에게 귀속됩니다. 그런데, 중세 유럽에서의 정부는 누가 될까요? 중세 유럽은 각 지역의 영주들이 우두머리 역할을 했기 때문에, 결국 이 돈은 모두 교회와 영주들의 재산이 됐습니다.

놀라운 을의 협상력

흑사병 창궐이라는 위기의 상황에서 인간 본성의 끝을 보여준 건 중세 유럽의 기득권인 영주들뿐만이 아니라, 봉건제와 장원제의 중추 역할을 맡았던 농노들도 있습니다.

여러분이 흑사병이 창궐했던 당시의 중세 유럽 시골 마을에서 빵을 만드는 기업 사장님이라고 상상해보시길 바랍니다. 원래는 총 50명의 직원이 한 달에 평균 2천 개의 빵을 판매하는데, 이 마을에서의 한 달 평균 수요는 약 1천 7백에서 2천 2백 사이를 오고 간다고 가정해봅시다. 흑사병 때문에 많은 이들이 목숨을 잃고 있고, 심지어 여러분 밑에서 일하던 직원들도 절반이 사망했다고 생각해보죠. 그런데 놀랍게도 수요는 생각보다 별로 줄어들지 않아서, 여전히 이 마을에서는 약 2천 개의 빵을 필요로 합니다. 이런 상황에 여러분은 어떤 결정을 내리실 건가요?

우리가 내릴 수 있는 결정은 크게 두 가지입니다. 하나는

25명의 직원만 가지고 수요의 절반인 약 1천 개의 빵만 판매하는 것이고, 다른 하나는 남은 25명의 직원에 좀 더 돈을 주고서라도 2천 개의 빵을 판매하는 것입니다. 이번에는 25명의 직원이 1천 개의 빵만 파는 결정을 내렸다고 칩시다. 그런데 만약 남은 직원들도 흑사병에 걸려서 사망했고 겨우 5명의 직원들만 남아 있다면 어떨까요? 말하자면, 생산해야 하는 빵은 아직 많은데, 직원이 5명만 남을 때는 과연 어떤 결정을 내리실 건가요?

이런 상황에서는 여러분의 직원들이 이런 협상을 시도해 볼 수 있을 것입니다. "사장님, X 기업 대표님이 인력이 부족하다고 말씀 주셔서, X 기업으로 옮기면 제 월급을 두 배 더 주시겠대요. 근데, 사실 Y 기업 대표님도 연락을 주셨어요. 거기도 인력이 부족한데, 거기로 옮기면 월급을 두 배 더 주시겠대요. 제가 여기서 계속 일하면, 사장님도 월급을 두 배로 올려주실 수 있나요?"

기업 대표의 처지에서는 이보다 난감한 상황이 없을 것입니다. 임금을 올려주지 않으면, 그동안 열심히 일했던 직원을 잃는 것이기 때문이죠. 흑사병 창궐이라는 팬데믹 시기에는 사람 자체를 새롭게 구하는 게 어렵습니다. 오늘 죽고 내일 죽을지도 모르는 상황에서는 살아남은 생존자의 가치가 상상을 초월하기 때문이죠. 이 예시가 당시의 상황과 완벽히 일치할 수는 없지만, 노동 임금 상승과 노동자의 협상력 상승이라는 측면에서는 일맥상통합니다. 봉건제의 경제구조는 을이라는 농노가 갑이라는 영주를 위해 일하며 농업생산량을 올리는 구조입니다. 그런데 땅은 넓은데 일할 사람은 줄어드니, 이 상황은 한마디로 수요는 많은데 공급은 적어서 상품이나 서비스의 가격이 급격히 올라가는 상황과 같습니다.

중요한 것은 이 해석을 단순한 수요와 공급 차원으로 끝내면 안 된다는 것입니다. 봉건제의 특징 때문에 그렇습니다. 봉건제의 특징 중 하나는, 농노는 영주의 허락이 없이는 다른 곳으로 이동할 수 없다는 것입니다. 이는 즉 농노의 자유를 제한하는 조건으로 그만큼 영주들 또한 그에 합당한 책임을 다해야 했다는 것을 의미합니다. 그런데 이렇게 양방의 책임을 다해야 하는 관계에서, 영주가 돈도 별로 안 주면서 소수의 살아남은 농노들에게 일을 많이 시키면 어떤 일이 일어날까요? 이건 말도 안 되는 경우이기 때문에 이 계약은 그냥 없던 거로 하면 되는 것입니다. 농노들도 더 이상 자신을 책임지지 못하는 영주는 필요 없기 때문입니다.

그런데 문제는 아무리 농노의 협상력이 올라간다고 해도, 영주가 높은 임금을 지급할 수 있는 능력이 안 되면 결국 농노와 영주 간의 계약은 파기될 수밖에 없다는 것입니다. 그리고 실제로 당시의 중세 유럽은 흑사병 창궐로 인해 영주들 또한 재정이 궁핍해지면서 큰 손해를 입었고, 더 이상 자유를 침해받고 싶지 않았던 농도들도 영향력이 커지며 봉건제와 장원제는 그렇게 점점 끝을 향해 갔습니다.

위기의 상황 때 필요한 존재

우리가 답하고자 했던 질문은 이것입니다. '질병이 사회적, 경제적 변화에 끼치는 영향은 무엇인가?' 흑사병 창궐이라는 예시를 통해 결론을 정리하면, 흑사병은 사회의 다수로 하여금 소수를 탄압하여 빚을 탕감할 수 있도록 하였고, 자유가 없었던 을로 하여금 갑을 상대로 경제력을 협상하는 매개체를 제공해주었습니다.

우리는 이 결론에 도달하기까지 다음의 사항을 핵심적으로 관찰했습니다. "위기의 상황 때 인간은 어떤 모습을 드러내는가?" 흑사병 창궐이라는 위기의 상황 때 인간은 이권을 챙기기 위해 자신의 본색을 드러냈습니다. 그리고 그 본색을 드러낼 때, 인간은 주로 다음의 질문을 하며 결정을 내렸습니다. "지금 나에게 필요한 건 무엇인가?"

'필요'라는 단어는 우리가 생각하는 것보다 아주 무서운 뜻을 내포하고 있습니다. 필요는 '충분'이 아니라 '반드시'라는 조건을 전제로 삼기 때문입니다. 당시의 중세 유럽인들에게 흑사병은 분명한 위기였습니다. 그러나 위기의 상황을 기회로 만들려면, 우선은 '반드시' 살아남아야 합니다. 그런데,

반드시 살아남기 위해서는 다른 사람은 죽더라도 본인은 무조건 생존해야 한다는 것이 1순위의 임무가 됩니다. 그리고 살기 위해, 인간은 이 질문부터 내뱉습니다. "지금 나에게 필요한 건 뭐지?"

누구나 살아가면서 위기의 순간을 맞이합니다. 그럴 때 여러분은 위기에 꼭 필요한 존재가 될 수 있으신가요? 답변하기 어려울 수 있지만 이 질문에 답변할 줄 알아야 먼 훗날의 후세대가 여러분의 역사를 기억해줄 것입니다. 잔인하게도 역사는 살아남은 자가 남긴 기록으로 이어지기 때문입니다.

BACCALAUREATE WORLD HISTORY

2장

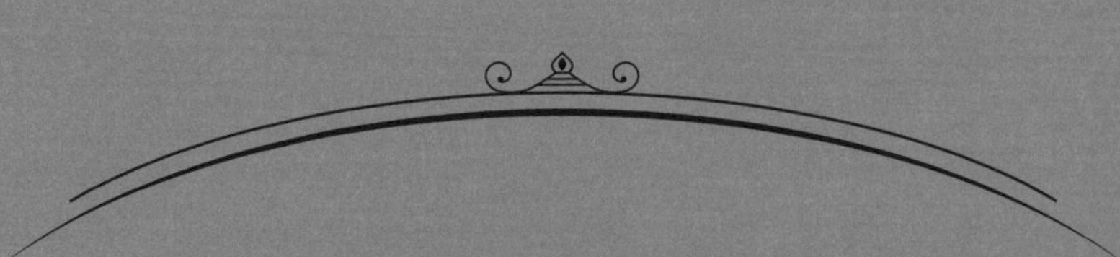

거부할 수 없는 매력, 돈과 기술

15세기~18세기

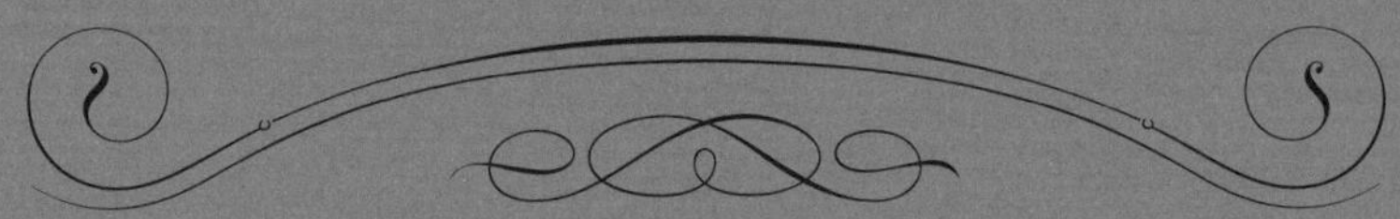

Question 3

영토 확장은 경제적 요인에 의해 추진되는가?

힌트

"말로가 궁금하다면,
어떻게 살아왔는지를 보십시오."

- 이 질문은 국가의 일이 단순히 국가 차원에서 시작하고 끝나는 것이 아니라, 개인의 차원에서 시작하고 끝날 수 있다는 것을 이해하는 데에 도움이 되는 질문입니다.
- 확장은 영향력의 범위를 넓힌다는 뜻을 담습니다. 그러나 영향력을 넓힐 때는 결과도 중요하지만, 과정도 중요합니다. '과정'과 '결과'라는 키워드에 초점을 두어 흐름을 파악하면 도움이 될 것입니다.

인과응보

피사로와 잉카 제국

사람 투자

전 어릴 때부터 사람을 좋아했습니다. 그래서일까요, 그 누구보다 사람에 투자하는 것을 아끼지 않는 편입니다. 저는 사람이 전부라고 생각합니다. 그래서 제가 의미하는 '사람 투자'는 저와 오랫동안 함께 갈 사람들을 챙기고, 대의를 같이 도모할 인재와 동반 성장한다는 것을 의미하죠.

주식 투자를 좋아하시는 분들이 재무제표와 기업의 리더십 그리고 제품 혹은 서비스를 분석하신 후 투자하시는 것처럼, 저 또한 저만의 사람 투자 방식이 있습니다. 가장 중요하게 살펴보는 부분은 바로 그릇의 크기와 인성, 그리고 절제력입니다.

그릇의 크기는 꿈의 크기이자 포부입니다. 사람마다 각자 꿈꾸는 것이 다르고 이루고자 하는 것이 다릅니다. 어떤 이들은 만나자마자 강렬한 눈빛과 에너지를 선사하기도 하죠. 세계사를 공부하다 보면, 어떤 이에 대해 아는 지식이 없어도 그저 그 인물의 사진이나 그림만 보고도 "이 사람은 눈빛이 예사롭지 않다. 좀 더 알아보고 싶다"라고 혼잣말을 할 때가 있습니다. 그리고 놀랍게도, 그들에 대한 파악이 끝난 다음에는 항상 이런 반응이 나오곤 합니다. "개천에서 용이 난 게 아니라, 이무기가 바다를 건너서 용이 됐는데, 이게 영토 확장으로 이어졌구나."

돼지만 치기에는 그릇이 큰 사람

스페인에는 엑스트레마두라Extremadura라고 불리는 주가 있는데, 이곳은 서쪽으로는 포르투갈 그리고 남쪽으로는 안달루시아주와 접하고 있습니다. 사실 엑스트레마두라는 아주 오래전부터 스페인 안에서도 가장 빈곤한 지역 중 한 곳으로 손꼽히는 곳입니다. 그래서 현대 사회에 와서도 이곳 청년들의 절반은 여전히 실업 상태에 놓여있죠.

흥미로운 점은 대항해시대 때 이 엑스트레마두라에서 남미의 잉카 제국을 무너뜨린 프란시스코 피사로Francisco Pizarro González가 배출됐고, 이외에도 남미의 여러 곳을 정복했던 콩키스타도르Conquistador들이 배출됐다는 것입니다. 콩키스타도르는 스페인어로 정복자를 의미합니다. 신기한 일입니다. 한 지역에서 정복자들이 이렇게나 많이 나오다니 말이죠. 그런 점에서 잠시 생각하는 시간을 가져보겠습니다. 도대체 스페인의 엑스트레마두라에서는 왜 그렇게 많은 정복자들이 탄생한 것일까요?

문화적 요소도 섞어서 색다른 방법으로 답해보도록 하겠습니다. 하몽 이베리코Jamón Ibérico라고 들어보셨나요? 하몽은 돼지의 넓적다리를 소금에 절여 먹는 스페인의 햄이고, 이베리코는 스페인의 흑돼지입니다. 하몽 이베리코는 세계 4대 진미 중 하나로 알려져 있죠. 이 이베리코에는 등급도 있습니다. 도토리만 먹고 자란 방목형 이베리코는 하몽 중에서도 최고 등급을 받는데, 전문가들은 이를 하몽 이베리코 베요타Bellota라고 부릅니다.

하몽 이베리코 베요타는 주로 엑스트레마두라에서 생산되는데, 그 이유는 엑스트레마두라에 데헤사Dehesa로 불리는 참나무 숲이 있기 때문입니다. 도토리는 참나무의 열매입니다. 이 데헤사에서 도토리를 먹으며 스트레스 하나 받지 않고 자란 이베리코 흑돼지들이 얼마나 비싸게 팔리겠는지요? 이런 이유로 미식가들은 엑스트레마두라에서 생산된 하몽 이베리코를 최고로 칩니다.

하몽 이베리코 베요따를 생산하기 위해 엑스트레마두라에는 돼지치기를 직업으로 삼는 사람들이 많습니다. 그리고 그 옛날에도 엑스트레마두라에는 돼지치기를 업으로 삼는 사람들이 많았습니다. 본래 스페인은 711년부터 1492년까지 이슬람의 지배 아래 있었습니다. 이슬람권에서는 돼지고기를 먹지 않습니다. 그들의 쿠란Quran 경전에 돼지고기를 먹지 말라고 쓰여 있기 때문입니다. 그러나 1492년 스페인이 기독교 세력에 의해 통일이 된 이후에는 사람들이 다시 돼지고기를 섭취하기 시작했습니다. 돼지고기 섭취는 스페인 사람들에게 자유를 의미하는 것과 다름이 없었기 때문입니다.

남미의 잉카 제국을 몰락시켰던 프란시스코 피사로도 원래는 직업이 돼지치기였습니다. 그의 탄생 연도는 정확히 알려지지는 않았지만, 역사학자들은 그가 1470년대 후반에 엑스트레마두라에서 태어난 것으로 분석합니다. 그의 어린 시절은 암울하기 그지없었습니다. 아버지는 군인 출신이긴 했지만, 그 당시에는 전쟁으로 인해 거의 모든 사람들이 군인이었기 때문에 군인이라는 신분은 크게 의미가 없었습니다. 어머니는 심지어 천민 출신이어서 피사로의 아버지는 그의 어머니와 결혼도 하지 않았습니다. 그리고 그 결과, 피사로는 이 둘 사이에서 사생아로 태어났죠.

피사로의 부모님은 피사로의 교육에 전혀 관심이 없었습니다. 그리고 이러한 부모의 무관심 때문에 피사로는 죽을 때까지 평생 문맹으로 살 수밖에 없었습니다. 당시에도 문맹인 청년이 가질 수 있는 직업은 얼마 없었습니다. 글을 읽지 않아도 되는 돼지치기와 싸움만 잘하면 되는 군인밖에는 말입니다.

직업에는 귀천이 없습니다. 그러나 포부가 큰 사람들은 소소한 삶에 만족감을 느끼지 못합니다. 분명히 세상 저 끝에 뭔가 더 찬란한 인생이 펼쳐질 것 같은 확신이 들기 때문입니다. 만약에 피사로가 평탄한 걸 좋아하고, 돼지치기를 하면서 소소하게 먹고사는 데 문제를 느끼지 못하는 사람이었다면, 그는 분명 엑스트레마두라를 벗어나지 않았을 것입니다. 하몽 이베리코 베요타 슬라이스 80g만 팔아도 5만 원을 버는데, 이 좋은 직업을 그만두는 것이 오히려 이상하죠. 그러나 이미 태어날 때부터 "난 죽이 되든 밥이 되든 여의주를 얻어서 꼭 한번 용이라도 되겠어."라고 마음먹은 이무기에게 돼지치기는 가당치도 않습니다. 그리고 그러한 자신의 천성을 그 누구보다 잘 알았던 피사로는 신대륙에서라도 새로운 날개를 달아보고 싶었던 것입니다.

어서 와, 신대륙은 처음이지?

1492년은 스페인에 있어서 크게 두 가지 의미를 지닙니다. 하나는 당시 스페인의 여왕이었던 이사벨 1세가 스페인 땅에서 이슬람을 몰아내며 통일을 이룩한 레콩키스타Reconquista를 달성한 것이고, 다른 하나는 이사벨 1세의 대대적인 지원을 받은 크리스토퍼 콜럼버스Christopher Columbus가 아메리카 대륙에 도착하며 대항해시대의 포문을 연 것입니다.

스페인은 콜럼버스가 신대륙을 발견했다는 소식을 들은 이후부터 계속 군인과 탐험가들을 신대륙에 보내며 스페인의 영향력을 확대해 나가기 시작했습니다. 그러나 이 과정에서 우리가 눈여겨봐야 할 점은 군인들의 대다수가 귀족 출신이었던 반면, 탐험가들은 대부분 하급 귀족 출신이거나 아예 별 볼 일 없는 흙수저 출신이었다는 것입니다. 한마디로 탐험가들은 한탕을 노려서 출세해 보겠다는 마음이 컸다는 것이죠.

1502년 피사로는 그의 인생 일대 최초로, 당시의 스페인 식민지였던 이스파니올라(지금의 도미니카 공화국과 아이티)의 세 번째 총독이었던 니콜라스 데 오반도Nicolás de Ovando와 함께 신대륙으로 떠났습니다. 데 오반도가 이끌었던 선단은 대항해시대 역사상 가장 큰 규모였던 30척의 배로 이루어진 선단이었는데, 이 선단은 주로 식민지 개척에 필요한 행정 관리인과 종교인으로 이뤄졌습니다.

데 오반도는 스페인 역사상 최초로 엔코미엔다Encomienda라고 불리는 식민 통치 제도를 운영한 것으로 알려져 있는데, 엔코미엔다는 한마디로 식민지에서 장원제도를 운영한 것과 같다고 이해하시면 쉽습니다. 데 오반도 같은 스페인 출신의 식민통치자가 신대륙의 원주민을 보호하는 대가로 식민지의 토지와 원주민 통치권을 받은 것처럼 말이죠.

데 오반도가 이끌었던 선단은 주로 신대륙에 식민지를 개척하고 안정적인 행정 시스템을 구축하는 목적이 컸기 때문에, 피사로는 식민지 개척보다 한탕을 노릴 수 있는 모험을 선호했습니다. 그리고 그는 새로운 모험을 위해 1509년 알론소 데 오헤다가 이끄는 선단에 몸을 실어 콜롬비아로 떠났고, 1513년에는 황금에 굶주리고 있었던 바스코 누녜즈 데 발보아Vasco Núñez de Balboa와 함께 선단을 이끌며 세계 최초로 태평양을 바라본 유럽인 중 한 명이 되기도 합니다.

차분한 인성과 이인자 콤플렉스

흥미로운 점은 피사로와 발보아의 관계인데, 이 둘은 공통점이 너무 많았기 때문에 삽시간에 친해질 수 있었습니다. 우선 둘은 엑스트레마두라 출신이었습니다. 그리고 심지어 이들은 과거에 똑같은 돼지치기였습니다.

그러나 여기서 한 가지 짚고 넘어가야 할 것은 바로 이 우정이 추후 둘의 관계를 갈라놓았다는 것입니다. 사실 발보아는 이미 1511년 파나마 해협에 위치한 다리엔이라는 곳에 정착하며, 유럽 이주민을 위한 도시를 세웠습니다. 그리고 그는 그 공으로 당시의 스페인 왕이었던 페르난도 2세로부터 다리엔의 총독이라는 보직을 맡게 되죠. 그러나 더 많은 금을 찾고 싶던 발보아는 1513년 피사로와 함께 남쪽으로 항해를 하며 태평양에 도달하게 됐고, 이를 계기로 그는 본국으로부터 더 큰 신임을 얻고자 했습니다.

한번 초현실주의자의 마음가짐을 갖고 '신임'이라는 단어를 살펴보도록 하겠습니다. '신임'이 암시하는 것은, 이제 발보아의 끝이 서서히 다가오고 있다는 것을 의미합니다. 인간은 질투의 동물입니다. 사촌이 땅을 사도 배가 아프다고 하는데, 발보아가 무려 태평양을 발견했으니 한탕을 노리며 이무기에서 용이 되고자 발버둥 쳤던 신대륙 탐험가들의 시각에서는 발보아가 눈엣가시였던 것입니다. 그리고 이런 질투심은 발보아를 죽음으로 이끌었습니다.

발보아와 피사로가 태평양을 발견했을 당시 다리엔의 신임 총독은 페드로 아리아스 다빌라였습니다. 다빌라는 발보아가 태평양을 발견했다는 소식을 듣자마자 이런 생각을 했습니다. "뭐, 태평양!? 이런, 그럼 왕도 더 많은 신임을 발보아에게 줄 거 아냐? 그럴 수 없지. 빨리 발보아를 제거해야겠어.

그나저나 발보아 옆에 누가 있지? 그 돼지치기 피사로가 있지? 그래, 피사로라고 발보아가 견제 대상이 아니겠어? 얼른 피사로와 협력해야겠어."

사실 다빌라가 발보아를 제거하는 데에 피사로를 끌어들이려고 했던 데에는 피사로의 인성도 한몫했습니다. 역사가들에 의하면 피사로는 야심가이면서도 상당히 차분한 사람이었다고 합니다. 사실 차분한 사람들은 대단히 무서운 사람들입니다. 오히려 열을 내고 자기주장을 펼치는 사람들은 아주 순수하고 착한 사람들입니다. 그들은 솔직하게 마음을 표현하면서 할 말을 다 하기 때문이죠. 물론 '상대적으로' 차분한 것은 누구에게나 큰 매력으로 다가옵니다. 그러나 찔러도 피 한 방울 안 나올 정도로 차분하다는 것은 그 사람의 속을 알 수 없다는 것과 거의 같습니다.

그래서 주로 역사를 보면, 이런 유형의 사람들은 일인자보다 이인자의 위치에 오래 있는 경우가 많습니다. 참고, 참고, 또 참다가 때가 됐다고 여길 때만 움직이기 때문입니다. 다빌라는 바로 이 부분을 공략했던 것입니다. 엑스트레마두라라는 동향 출신의 돼지치기가 둘이 있는데, 누구는 스페인의 왕으로부터 더 큰 신임을 얻으려 하고, 누구는 그런 친구의 모습을 옆에서 바라본다? 이것이야말로 이인자 콤플렉스를 건드리기 딱 좋은 시점이었던 것입니다. 바로 이렇게 어필하면서 말이죠.

"피사로, 네가 고향을 등지고 이 험난한 신대륙으로 떠났던 이유를 생각해봐. 너 도대체 언제까지 이인자 노릇 할 거니? 너도 이제는 좀 더 큰 것 노릴 때도 되지 않았니? 네가 가서 발보아를 잡아다가 내 눈앞에 데려와. 그럼 네게 파나마 시장직을 줄게."

여의주를 원했던 영광의 13인

이무기가 용이 되려면 여의주가 필요합니다. 그런데 피사로에게 있어서 첫 번째 여의주는 고향을 떠나 신대륙으로 왔던 것이었고, 두 번째 여의주는 발보아를 다빌라 총독에게 바친 대가로 파나마 시장이 된 것입니다. 피사로는 실제로 발보아를 체포해 다빌라에게 가져다 바친 대가로 파나마의 시장이 됐고, 이 때문에 발보아는 믿었던 동향 친구의 배신으로 억울하게 누명을 뒤집어쓰며 처형당했습니다.

피사로는 한동안 파나마 시장으로서 많은 부와 권력을 거머쥐었습니다. 그러나 이 부와 권력이라는 것은 한번 맛을 보면 헤어 나올 수 없는 마약과도 비슷합니다. 그럼 이건 무엇을 뜻하겠는지요? 피사로는 더 많은 금을 바랐고 시장직으로는 만족감을 느낄 수 없었다는 것을 의미합니다. 그리하여 그가 1524년에 새롭게 시작한 프로젝트가 있었으니, 그것은 바로 황금이 가득 쌓여 있는 잉카 제국(지금의 페루)을 정복하는 일이었습니다.

세계 지도를 보면 파나마는 정확히 북아메리카와 남아메리카 사이를 이어주는 중앙아메리카에 있습니다. 파나마는 큰 범주로 북아메리카로 분류되기도 합니다. 그러나 이보다 더 중요한 점은 피사로가 정복하길 꿈꿨던 잉카 제국은 남아메리카의 서쪽에 있다는 것입니다. 아시다시피, 피사로는 발보아와 함께 태평양을 발견했던 사람입니다. 지도를 잠시 상상해보죠. 스페인에서 출발했던 사람들이 신대륙에 도달할 때는 대서양을 건너게 됩니다. 이는 즉 대서양은 신대륙의 동쪽에 있으니 동부 해안을 바라본다는 걸 의미합니다. 그러나 태평양은 그 방향이 아시아 쪽을 바라보기 때문에 서부를 바라보게 됩니다. 만약에 피사로가 발보아와 함께 파나마 지협을 횡단하지 않았다면, 피사로는 태평양의 존재를 모르기 때문에 남극까지 내려갔다가 다시 남아메리카의 서쪽을 항해하여 잉카 제국을 정복할 수밖에 없었을 것입니다. 그러나 피사로는 태평양을 통해 그냥 쭉 남쪽으로 항해하면 잉카 제국에 도착할 수 있다는 걸 알았기 때문에 잉카 제국 정복이라는 원대한 목표를 가질 수 있었습니다.

피사로는 잉카 제국을 정복하기 위해 군인이었던 디에고 데 알마그로Diego de Almagro와 성직자였던 에르난도 데 루케Hernando de Luque와 함께 원정대를 꾸려, 1524년 잉카 제국을 향해 떠났습니다. 첫 번째 원정은 1524년부터 1525년까지 이루어졌으나, 이 원정으로부터 얻을 수 있는 것은 없었습니다. 오히려 데 알마그로는 첫 번째 원정 중 전투 중에 눈을 다치게 되죠.

사실 당시의 파나마 총독은 피사로의 잉카 제국 정복 계획을 그다지 환영하지 않았습니다. 그 이유는 인적 자원 문제 때문인데요. 신대륙에서는 인적 자원이 그 무엇보다 중요합니다. 항해는 주로 혈기 왕성한 젊은 청년들이 합니다. 밭도 갈고, 행정 일도 보고, 식민지 개척에 그 누구보다 열심이어야 하는 젊은이들이 파나마를 떠나 원정대에 참가하게 되면, 파나마 총독 입장에서는 이 얼마나 큰 손실이었을까요? 바로 이러한 이유로, 파나마 총독은 피사로의 원정을 달갑게 여기지 않았습니다.

1526년 파나마에 새로운 총독이 부임하며 피사로는 두 번째 원정에 떠났습니다. 두 번째 원정 또한 첫 번째 원정처럼 초반에는 얻은 게 별로 없었습니다. 오히려 피사로는 기후 문제와 풍토병으로 원정대원들을 잃었고 큰 고초를 겪었죠. 그래서인지 춥고, 배고프고, 이제 지칠 대로 지쳐버린 원정대원들은 피사로에게 원정을 포기하고 다시 파나마로 돌아가자고 다그쳤습니다. 그런데 이때, 피사로는 칼을 뽑아 땅에 선을 그으며 이런 말을 남깁니다. "저 위로는 아무것도 없는 파나마만이 존재하고, 이 아래로는 황금이 넘치는 새로운 세계가 우리를 기다리고 있다. 부와 명예를 원하는가? 그럼, 이 선을 넘어오라. 이 선을 넘는 자는 나와 함께 부와 명예를 쟁취할 것이니!"

피사로처럼 여의주를 갖고 이무기에서 용이 되고 싶던 사람들은 총 13명이었는데, 오직 이들만이 그 선을 넘었기 때문에 이들은 세계사에 그 유명한 '영광의 13인Trece de la Fama, Thirteen of Fame'으로 기록됩니다.

주체할 수 없는 절제력과 잔인한 결말

피사로는 영광의 13인과 함께 파나마에서 온 지원군의 도움을 받아 잉카 제국에 많은 금이 있다는 것을 알아냅니다. 그리고 그는 잉카 제국 정복을 승인받기 위해 스페인의 왕이었던 카를로스 1세를 찾아갔죠.

피사로의 계획을 들은 카를로스 1세는 잉카 제국 정복을 위해 피사로에 지원군을 내어주고, 심지어 피사로가 정복하는 땅들에서 총독이 될 수 있는 권한도 부여했습니다. 왕의 신임과 함께 의기양양해진 피사로는 1531년 그의 고향인 엑스트레마두라에 남아 있던 자기 형제들을 데리고 파나마로 떠났으며, 1532년에는 잉카 제국에 들어가 당시의 잉카 제국 황제였던 아타우알파를 포로로 잡았습니다. 아타우알파를 포로로 잡게 된 배경에는 여러 이유와 내막이 있지만, 우리는 피사로를 흐름의 중심으로 두고 그가 어떤 생각을 갖고 상대를 대했는지 살펴보겠습니다.

피사로가 잉카 제국을 정복하는 데에 더더욱 열띠게 된 이유는 카를로스 1세의 이 발언 때문입니다. "그대가 정복하는 곳에 그대가 총독이 될 것을 허락한다." 사람이 심리상 정복하는 곳의 주인이 자신이 될 수 있다는 말을 들으면, 그 누구라도 맡은 일을 열심히 할 수밖에 없습니다. 원래 피사로의 가장 큰 관심사는 황금이었습니다. 그런데 이제는 황금을 넘어서 자신이 정복하는 곳의 지도자가 될 수 있는 권한을 얻었으니, 이거야말로 그 무엇과도 견줄 수 없는 최고의 여의주였던 것입니다.

그런데 때마침, 포로가 된 아타우알파는 피사로에게 이렇게 말했습니다. "살려만 준다면 내가 그대에게 이 방을 가득 채울 수 있는 양만큼의 금은보화를 모두 주겠소!" 우리는 세상의 흐름을 파악하는 사람들이니, 여기서 전략적으로 생각하는 시간을 가져보겠습니다. 여러분께서 한번 피사로가 됐다고 상상해보세요. 여러분은 아타우알파의 제안을 듣고 아타우알파를 살려주시겠나요, 아니면 제거하시겠나요? 합리성을 우선시하신다면 아마 후자를 선택하실 확률이 높을 것입니다. 지금 이 상황에서는 누가 봐도 피사로가 갑이고 아타우알파가 을입니다. 핵심을 말씀드린다면, 협상을 진행하면서 을의 입장에 있을 때는 자신이 갑을 완벽히 이길 수 있다는 확신이 없으면 함부로 협상에 임하면 안 됩니다.

지금 같은 상황은 아타우알파가 마치 사냥꾼들에게 자신의 목숨을 먼저 내놓은 것과 다름이 없습니다. 그렇기 때문에 오히려 아타우알파는 피사로에게 이렇게 말했어야 합니다. "피사로, 잘 듣게. 당신이 날 죽인다면, 당신은 이 땅에서 영영 금은보화를 찾을 수 없을 것이오. 지금 가진 황금이 과연 내가 가진 전부라고 생각하오? 설마 그렇게 생각했다면 정말 어리석다고 말해주고 싶군. 나는 제국의 황제요. 제국의 황제가 과연 이곳에만 금은보화를 갖고 있을까? 머리가 있다면 잘 계산해보시오."

피사로는 이성적이고 차분한 사람으로 정평이 났던 사람이기 때문에 함부로 속단하지 않고 전략적으로 행동을 취하는 스타일이었습니다. 그러나 아타우알파는 이와는 정반대로 피사로에게 그의 모든 패를 보였었기 때문에, 피사로의 입장에서는 아타우알파를 제거하는 게 훨씬 이로웠을 것입니다. 그를 살려주는 척하면서 제거를 해야만, 금은보화도 얻고 정복지의 지도자도 될 수 있었기 때문이죠.

아타우알파를 제거한 이후 피사로는 1535년 현재 페루의 수도인 리마를 세웠습니다. 여기까지만 보면, 이제 모든 것이 피사로가 계획한 대로 이루어져 그가 잉카 제국의 영원한 지배자가 될 것이라는 생각이 들 수도 있습니다. 물론, 그는 한

동안 잉카 제국의 지배자가 되긴 했습니다. 문제는 그 시간이 그렇게 오래가지는 못했다는 것이죠.

사실 피사로는 늘 그의 동료였던 데 알마그로와 경쟁 관계에 있었습니다. 원정 과정에서도 그렇고 수도인 리마를 세울 때도 그렇고, 이 둘은 항상 신경전을 벌이며 누가 더 많은 것을 차지해야 할지 계산했습니다. 그러나 이 둘의 갈등에 마침표를 찍었던 사건이 있었으니, 그건 바로 피사로의 형제들이 데 알마그로를 처형한 사건입니다.

피사로는 자신의 이권을 위해 살면서 총 세 명의 인물들을 죽였습니다. 고향 친구이자 태평양을 함께 발견했던 발보아, 잉카 제국의 황제 아타우알파, 그리고 잉카 제국 정복에 함께 했던 데 알마그로. 피사로는 자신의 앞길에 방해가 된다고 생각하면 동료도 제거할 정도로 잔인한 사람이었습니다. 그런데 과연, 이렇게 잔인한 사람의 말로가 좋을 수 있을까요? 그의 삶을 보면 인과응보라는 말이 딱 맞는 것 같습니다. 피는 또 다른 피를 불러, 피사로 또한 얼마 있지 않아 복수심에 가득 찬 데 알마그로의 아들에 의해 암살당하며 그의 역사는 막을 내렸기 때문입니다.

뿌린 대로 거두는 역사

우리가 답하고자 했던 질문은 이것입니다. '영토 확장은 경제적 요인에 의해 추진되는가?' 큰 범주에서는 경제적 요인이 맞긴 하다는 답변을 드리는 게 지혜로울 것 같습니다만, 피사로의 삶을 토대로 말씀드리자면, 제 답변은 이렇습니다. "경제적 요인도 맞지만, 영토 확장은 때때로 출세하고 싶은 인간의 욕심이 더 큰 요인으로 작용하기도 합니다."

영토는 스스로 생각하고 행동할 수 있는 주체가 아닙니다. 따라서 영토를 확장하기 위해서는 그 일을 수행할 수 있는 사람이 필요합니다. 대항해시대 때 탐험가들은 "어차피 고향에서는 흙수저 인생이야. 누가 알아, 개천의 이무기가 바다를 건너면 여의주를 얻어서 용이 될지?"라는 마음을 갖고 신대륙을 향해 떠났습니다. 그러나 이 과정에서 탐험가들은 더 큰 부, 명예, 권력을 갖기 위해 자신과 함께했던 동료들을 배신하면서까지 정복 여정을 떠났고, 그 결과 이들은 배신과 암살을 당하며 삶을 마무리했습니다.

이무기가 용이 되려면 큰 포부와 여의주가 필요한 건 맞습니다. 그러나 여의주를 얻어서 아무리 용이 된다고 해도 그 끝이 참담하다면, 이무기로 되돌아가는 것은 한순간입니다. 용이 되고 싶으신가요? 그럼 기억하십시오. 영토 확장이든, 부든, 명예든, 권력이든, 모든 것은 인과응보因果應報라는 것을요.

Question 4

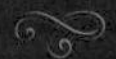

기술 발전이 국가 발전에 끼치는 영향은 무엇인가?

힌트

"이유 없는 이유는 없습니다."

- 이 질문은 세상의 흐름을 파악할 때 '전제조건'의 형성이 왜 중요한지를 이해하는 데에 도움이 되는 질문입니다.
- 전제가 결론을 어느 정도 보장하는지를 염두에 두면서 흐름을 파악해보실 것을 추천합니다.

전제조건

애덤 스미스와 산업혁명

이익이라는 전제조건

세계사뿐만이 아니라 경제, 정치, 외교 등등 여러 종류의 사회과학 고전서를 읽다 보면, 저도 모르게 어느 특정 문장을 세 번 이상 읽을 때가 있습니다. 예를 들면 이런 문장 말이지요.

"It is not from the benevolence of the butcher, the brewer, or the baker, that we expect our dinner, but from their regard to their own interest."

> 우리가 만찬을 준비할 수 있는 건 정육사, 양조사, 제빵사의 자비심 때문이 아니라, 그들이 자신의 이익을 추구하려는 마음 때문이다.

이 문장은 《국부론The Wealth of Nations》을 1776년에 출판한 영국의 철학자이자 정치경제학자인 애덤 스미스Adam Smith가 쓴 것으로, 본 문장은 그의 저서 중 제2장인 '분업이 일어나는 원리'에 실려 있습니다.

제가 이 문장을 세 번 이상 읽었던 데에는 이유가 있습니다. 이 표현은 애덤 스미스가 주장하는 '보이지 않는 손An Invisible Hand'을 아주 잘 설명해주는 현실의 예시이기 때문입니다. 많은 분들께서는 '보이지 않는 손'을 자원을 효율적으로 배분하도록 유인하는 가격 정도로만 생각하시는 경향이 있는 것 같습니다. 물론, 그 또한 '보이지 않는 손'의 핵심 역할이 맞습니다만, 우리는 전략적 사고와 구조적 시야를 넓히기 위해 이렇게 생각을 해보는 것도 좋겠습니다. 이를테면, '보이지 않는 손'이 현실에서 작용할 수밖에 없는 전제조건을 말이죠. 전제조건을 생각해보기 위해 아래 문장을 읽어볼까요.

> "He intends only his own gain, and he is, in this, as in many other cases, led by an invisible hand to promote an end which was no part of his intention."

> 인간은 오직 자신만의 이익을 생각하며, 다른 많은 경우에도 그렇지만, 인간은 이 경우 보이지 않는 손에 이끌려 자신이 전혀 의도하지 않았던 결과를 도모한다.

정육사, 양조사, 그리고 제빵사가 고기를 자르고, 술을 만들고, 빵을 만드는 이유는 그들이 그 일을 함으로써 물질적이든, 비물질적이든 보상을 얻기 때문입니다. 자신의 영리 활동을 통해 보상받을 수 없다면, 그 누가 일을 할까요? 따라서 애덤 스미스는, 인간은 이기적인 생물체이기 때문에 현실 사회는 인간의 이기심으로 돌아간다고 해도 과언이 아님을 강조합니다.

우리가 묻고자 하는 질문은 '기술 발전이 국가 발전에 끼치는 영향은 무엇인가?'입니다. 이 질문에 답을 하기 전에, 애덤 스미스의 '보이지 않는 손'을 먼저 설명한 이유는, 이 질문은 아주 중요한 전제조건을 배제한 체 단순히 기술 발전이 국가 발전에 어떤 영향을 끼치는지 묻기 때문입니다.

간단하게만 생각한다면 당연히 기술이 발전하면 국가도 발전할 가능성이 큽니다. 기술이 발전해야 군사력도 발전하고, 경제력도 향상하는 확률이 높기 때문입니다. 그러나 이 생각은 철저히 오직 국가라는 거시적 입장에서만 봤을 때 나올 수 있는 생각이기도 합니다. 이 질문을 한번 기술자의 입장에서 살펴보도록 하겠습니다. 기술자가 이 질문을 보면, 기술자는 아마 이 생각부터 떠오를 것입니다. "설마, 제 기술을 쓰면서 이에 대한 보상도 안 해주고 그냥 쓰려는 거는 아니죠? 보호막이랑 보상도 없이, 기술을 발전시키면 전 뭐 먹고 사나요?"

기술 발전의 전제조건은 기술자 보호와 기술 보호 그리고 기술을 개발하는 데에 따르는 보상입니다. 그러나 우리는 잘 생각해봐야 합니다. 과연 그 보상 즉 이익이라는 게 꼭 물질적인 것만 의미하는지. 만약 그렇지 않다면, 기술 발전이라는 혁신의 전제조건은 무엇인지를 말이죠.

기술 발전의 첫 번째 전제조건, 보호

길드Guild라고 들어보셨나요? 길드는 주로 중세 유럽의 도시 경제를 살펴볼 때 자주 등장하는 단어인데, 이는 쉽게 표현하면 동업 조합이라고 볼 수 있습니다. 사실 길드는 자신만의 이익을 보호하고 증진하기 위해 조직됐는데, 이들이 자신만의 조직을 형성하고 싶던 이유는 교역과 생산을 독점하기 위해서였습니다.

길드는 주로 '상인 길드'와 '장인 길드'로 나뉘는데, 상인 길드는 도시 내에 다른 외부인이 상업 활동을 하는 것을 막는 데에 목표를 뒀습니다. 이에 반해 장인 길드는 '장인'이라는 단어에서 느껴지는 것처럼 상품의 품질을 유지하는 데에 최선을 다했습니다. 그러나 상인 길드와 장인 길드에는 공통점이 있었는데, 이들은 조합원 한 명이라도 배신하지 않고 계속 길드에 소속되어 영리 활동을 추구할 수 있게 하려고 가격을 획일화시키고, 임금도 통일시키고, 심지어는 새로운 발명도 규제했다는 것입니다.

가격 획일화, 임금 통일, 발명 규제라는 키워드를 한번 살펴보도록 하죠. 획일, 통일, 그리고 규제. 과연 이들의 공통점은 무엇일까요? 이들은 획일, 통일, 규제를 통해 무언가를 안정화하고 공정화하는 데에는 긍정적인 역할을 맡지만, 혁신의 측면에서는 큰 걸림돌이 됩니다. 혁신은 무無에서 유有를 창조하여 새로운 아이디어를 발전시켜야 하기 때문이죠.

길드에서는 상품의 품질을 유지하기 위해 장인이 도제Apprentice에게 기술을 전수하는 전통을 이어왔습니다. 그런데 이렇게도 생각해보겠습니다. 기술을 계속 전수하면 굳이 특허가 필요할까요? 이 부분을 잘 생각해봐야 합니다. 길드는 교역과 생산을 독점하고 싶었지, 기술을 독점하고 싶지는 않았습니다. 이들의 최종 목표는 다름 아닌 '조직'의 이익 보호와 증진이었기 때문입니다.

도시 내에 조직의 이익을 지킴으로써 먹고사는 데에 큰 문제를 느끼지 못했던 길드들은 이런 보수적인 전통을 계속 고수해나갔습니다. 그러나 세계 무역이 정점에 이르렀던 15세기 무렵 베네치아 공화국에서는 조금 다른 양상이 나타나기 시작했습니다. 교역이 발달하면 발달할수록 더 많은 기술자와 발명가 그리고 새로운 혁신 상품들이 탄생했기 때문입니다.

전 세계 역사상 국가 수명이 약 1천 년 정도 유지된 곳이 손에 꼽힙니다. 우리가 알고 있는 지금의 베네치아는 1797년 프랑스의 나폴레옹이 베네치아 침공 이후 이탈리아 왕국에 편입되면서 독립 국가로서의 지위를 잃은 베네치아입니다. 그러나 이런 베네치아도 이탈리아 왕국에 편입되기 전까지는 명실상부 지중해 무역의 패권국이라는 타이틀을 가질 정도로 그 영향력을 십분 발휘했습니다.

사실 베네치아가 이렇게 오랫동안 지중해 무역의 패권국으로 살아남을 수 있던 가장 큰 이유는 바로 인재 영입입니다. 우리는 이 책의 가장 앞부분에서 고대 로마가 서로마와 동로마 제국으로 나뉘었다는 것을 배웠습니다. (참고로 역사가들은 동로마 제국을 비잔틴 제국이라고 부르기도 합니다) 고대 로마가 서와 동으로 나뉜 이후, 비잔틴 제국은 베네치아 공화국처럼 약 1천 년간 그 명맥을 이어 나갔습니다. 그러나 1453년 비잔틴 제국은 오스만 제국에 의해 멸망합니다. 여기서 우리는 전략적으로 생각하는 시간을 가져보겠습니다. 여러분께서 베네치아의 고위 지도자라고 상상해볼까요. 한 국가가 그 정도 국가 수명을 유지할 때는, 과연 얼마나 많은 인재를 양성했고

기술을 발전시켰기에 그 명맥을 이어 나갈 수 있었을까요? 당연히 수많은 인재와 혁신이 있었기에 그 맥을 이어 나갈 수 있던 것입니다.

그럼 이 지점에서 여러분이 지도자로서 한 가지 더 확인해야 할 것이 있습니다. 인재는 많습니다. 그런데 베네치아는 무역을 통해 부국이 된 국가입니다. 그럼 베네치아에는 어떤 종류의 인재가 더 많이 필요할까요? 무역으로 부국이 됐다는 것은 그만큼 베네치아가 그동안 다양한 물건을 소개해왔고 팔았다는 것을 의미합니다. 그럼 이를 통해 내릴 수 있는 결정은, 여러분은 베네치아의 고위급 지도자로서 하루라도 빨리 멸망한 비잔틴 제국의 기술자들과 숙련공들을 영입하여 베네치아를 더 부국으로 만들어야 한다는 것입니다. 그러나 인재를 영입할 때는 항상 해당 인재가 더 열심히 자기 일을 할 수 있도록 동기를 유발해줘야 합니다. 예를 들면, 특허라는 보호막으로 말이죠.

여러분께서 고안하신 전략처럼 실제로 베네치아는 세계 최초로 1474년 특허법을 제정하였고, 베네치아는 이 법을 통해 단순한 기술 진보가 아닌 천재성을 입증하는 데에 큰 목표를 두었습니다. 이는 즉 베네치아가 기술 개선 수준을 넘어 새로운 창조적 '발명'을 통해 베네치아를 더욱 부국으로 만드는 데에 뜻을 품었다는 걸 의미합니다.

그런 의미에서 베네치아가 제정했던 특허법을 잠깐 살펴

보죠. 우선, 이 법은 발명가의 출신과 신분을 따지지 않았습니다. 오히려 베네치아의 특허법은 발명가가 천재성을 입증할 수 있는 기술만 확보하면 그에 따른 10년 치 특허권을 인정해 줬습니다. 이러한 이유로 베네치아의 특허법은 본래 멸망한 비잔틴 제국의 기술자들과 과학자들을 베네치아로 데려오기 위해 만들어졌지만, 이 법을 통해 크게 혜택을 본 것은 다름 아닌 베네치아 국민이었습니다. 이유가 있습니다. 특허라는 보호 장치를 통해 발명가들이 더 혁신적인 기술을 고안해내면서, 베네치아 국민에게 윤택한 삶을 제공했기 때문입니다. 예를 들면, 우리가 잘 알고 있는 천문학자인 갈릴레오 갈릴레이도 1594년 '양수관개용 장치'라는 기계를 발명하며, 기계를 통해 논이나 밭에 물을 공급하는 방법을 생각해낸 것처럼 말이죠.

기술 발전의 두 번째 전제조건, 계몽

베네치아는 기술 발전의 전제조건은 기술 보호와 기술자 보호라는 것을 그 누구보다 잘 알고 있었습니다. 그렇기 때문에 기술자들 또한 특허 기반의 기술 발전을 통하여 베네치아를 더욱 부국으로 만들 수 있었죠. 그래서일까요? 베네치아가 특허법을 제정한 이후로 프랑스를 비롯해 독일과 스페인 그리고 영국도 특허제도를 도입하기 시작했고, 특히 영국의 경우에는 유럽의 다른 대륙 국가보다 경제가 많이 낙후했었기 때문에 특허제도를 통해 새로운 돌파구를 찾고자 했습니다. 그러나 놀랍게도, 이러한 특허제도는 산업혁명이 본격적으로 시작한 18세기 중반까지만 해도 그렇게까지 큰 영향력을 발휘하지는 못했습니다. 왜냐하면, 오히려 17세기부터 18세기 중반까지의 기술 발전을 강력하게 이끌었던 것은 다름 아닌 계몽주의Enlightenment 사상이었기 때문입니다.

많은 계몽주의 사상가들이 있었지만, 이 책에서는 애덤 스미스의 예시를 중점적으로 살펴보도록 하겠습니다. 앞에서 이야기했던 애덤 스미스의 저서인《국부론》의 일부를 다시 한 번 살펴보겠습니다. "우리가 만찬을 준비할 수 있는 건 정육사, 양조사, 제빵사의 자비심 때문이 아니라, 그들이 자신의 이익을 추구하려는 마음 때문이다."

여기서 중요한 키워드를 한번 뽑아보겠습니다. 저는 '자신의 이익을 추구하려는 마음'을 핵심 키워드로 뽑아보겠습니다. 구조적으로 생각을 해보죠. '자신의 이익'이라는 가치 자체를 창출하기 위해서는 어떤 전제조건이 성립되어야 할까요? 아주 간단합니다. 자신에게 뭐가 이로울지를 생각해보고 그에 맞는 가치를 탐색하고 추구하면 되는 것입니다. 그런데 한번 이렇게도 생각해보면 어떨까 합니다. 누군가가 생각하는 힘 즉, 지혜로운 선택을 통해서 이익을 추구할 수 있도록 도움을 주면 더 좋지 않을까요?

유럽은 17세기부터 18세기 중반까지 개인의 자유, 지성, 경험, 그리고 권리를 지향하는 계몽주의의 시대를 꽃피웠습니다. 그리고 그 과정에서 이들은 '무지'를 깨운다는 '계몽'의 뜻에 맞게 만인이 누릴 수 있는 지성의 힘으로 인간의 존엄, 평등, 그리고 자유권을 공고히 하는 데에 중점을 뒀습니다. 칸트가 1784년 발표한 《계몽이란 무엇인가》라는 에세이만 봐도 지성의 힘이 얼마나 중요했는지를 이해할 수 있습니다. 칸트는 서문에 이런 말을 남겼기 때문입니다.

> 계몽이란 인간이 스스로 초래한 미성숙으로부터 벗어나는 것이다. (중략) 과감히 알려고 하라! 자기 자신의 지성을 사용할 용기를 가져라!

사실 어떤 이들은 과학기술의 진보를 통해 계몽주의가 탄생했다고 하지만, 이 문제는 닭이 먼저인지, 달걀이 먼저인지를 묻는 것과 비슷합니다. 과학기술의 진보를 통해서 계몽주의가 더 큰 인기를 얻은 것도 사실이지만, 계몽주의를 통해서 과학기술도 더 큰 발전의 계기를 맞았기 때문입니다. 지금부터는 더 깊게 들어가 계몽주의가 기술 발전에 어떻게 기여했는지 살펴보도록 하겠습니다. 예를 들어보죠. 여러분과 저는 똑같은 사람입니다. 저는 당신이라는 존재를 소중히 여기고,

당신의 생각과 뜻도 존중합니다. 그래서 전 제가 알고 있는 모든 지식을 당신과도 나누고 싶습니다. 당신께서도 저를 위해 지식을 공유해주시겠습니까?

사람은 자신이 처한 환경 그리고 사회적 상황에 따라 생각의 구조가 달라지고 생존 방법도 달라집니다. 그러나 우리에게는 타인을 측은하게 여기는 마음이 있고, 긍휼하게 바라볼 수 있는 공감력이 있기 때문에, 우리는 더 나은 내일을 바라보며 오늘 하루를 버티게 됩니다. 남을 측은하게 바라보고 넓은 마음으로 공감할 수 있는 능력은 인간이 가진 본성 중 하나입니다. 그리고 그 공감력을 토대로 여러분은 제게 지식을 나눠주실 수도 있습니다.

참 따뜻한 예시인 것 같은데 놀랍게도, 이런 인간의 따뜻한 본성을 설파한 사람이 있습니다. 우리가 본, 이기주의의 일인자로 오해받을 수 있는《국부론》의 저자인 애덤 스미스입니다. 사실 애덤 스미스가 쓴《국부론》은 또 다른 저서인《도덕감정론The Theory of Moral Sentiments》을 읽지 않고서는 완벽히 이해했다고 보기 어렵습니다.《도덕감정론》은 애덤 스미스가《국부론》을 출판하기 전인 1759년에 출간한 철학서입니다.《국부론》만 읽었을 때는, 인간의 이기심이 혁신을 일으키는 중요한 전제조건이라고 보일 수 있습니다. 기술자가 얻을 경제적 보상이 확실해야 기술을 개발할 동기가 생기기 때문입니다. 그러나《국부론》보다 먼저 출판된《도덕감정론》을 읽고 혁신의 전제조건을 생각해보면, 인간은 "나도 중요하지만, 당신도 소중합니다."라는 공감적 사고와 행동을 통해 자아를 실현하고, 지성의 힘을 공유함으로써 혁신을 도모했다는 걸 이해할 수 있습니다. 즉, 이를 통해 우리는 개인의 이익을 추구하는 마음이 단순히 인간의 이기심이 아니라 '보이지 않는 손'에서 암시한 의도치 않은 결과, 즉 지식 공유를 통한 과학 혁명을 도모했다는 걸 이해할 수 있습니다.

나와 타인을 위해 지식을 독점하지 않고 그 지식을 모두와 나눔으로써 계몽을 통해 더 밝은 미래를 추구하려는 마음. 이것이 바로 계몽주의가 기술 발전에 기여하게 된 배경입니다. 따라서 당시의 유럽은 이 이유로 특허라는 배타적 독점 권리를 쟁취하기보다 모두가 이성적이면서도 합리적인 사고를 통해 더 나은 세상에 살았으면 하는 마음을 크게 가졌습니다. 물론, 그 마음을 갖고 있던 기술자들과 과학자들은 자신의 기술과 지식을 조건 없이 세상에 공개함으로써, 그에 따른 사회적 명예도 얻고 과학 혁명의 선두주자라는 타이틀을 얻게 됐고요.

기술 발전의 세 번째 전제조건, 보상

지식과 혁신적 과학 이론을 모두와 함께 공유할 때 그 가치가 배가 된다고 믿었던 계몽주의 시대가 막을 내리게 되는 시점은 산업혁명이 시작하는 18세기 중엽부터입니다.

사실 세계사를 공부할 때 계몽주의가 막을 내리고 산업혁명의 시대가 탄생하는 배경을 살펴보면, 저도 모르게 "이거 좀 더 연결 고리를 파헤쳐보고 싶은데?"라고 생각할 때가 한두 번이 아닙니다. 국가마다 세계사를 가르칠 때 어떻게 산업혁명의 탄생 배경을 설명하는지는 모르겠으나, 저는 제가 배웠던 내용을 토대로 말씀드려보겠습니다. 제가 배운 핵심 요인은 이렇습니다. "영국의 산업혁명을 이끌었던 것은 계몽주의와 과학 혁명이었다."

그런데 잘 생각해보십시오. 칸트도 그렇고 스미스도 그렇고 저들이 남겼던 말들은 모두 18세기 중엽이었습니다. 계몽주의자들은 계속 주야장천 지식을 독점하지 말고 공공재처럼 공유해야 한다고 했습니다. 그래서 실제로 당시에는 특허에 관심을 두기보다 오히려 학술원이나 과학협회에서 주는 상을 더욱 명예롭게 여겼습니다. 물론, 이러한 측면에서 더 다양한 기술 혁신이 생겨났을 수는 있습니다. 그래서 여기까지만 살피면 계몽주의와 과학 혁명이 산업혁명을 어느 정도 견인한 건 맞는다고 볼 수 있습니다. 그러나 제 질문은 이렇습니다. "그런데, 과연 정말 모두가 명예를 원할까? 만약에 지금 당장 먹고사는 게 힘들다면, 그때도 명예를 추구할 수 있을까?"

여러분께서도 잘 알고 계시는 제임스 와트의 증기기관

Steam Engine은 1769년에 특허받은 특허품입니다. 증기기관은 산업혁명뿐 아니라 전 세계 자본주의의 역사를 송두리째 바꿨다고 할 정도로 영향력이 있는 발명품입니다. 그런데 흥미로운 것은 본래 와트의 증기기관은 와트가 스스로 무에서 유를 창조한 것이 아니라, 이미 토머스 뉴커먼Thomas Newcomen이라는 발명가가 만들었던 증기기관을 개량한 제품이라는 것입니다.

뉴커먼이 만들었던 증기기관의 단점은 비효율적 증기 축적이었습니다. 당시에는 증기기관을 사용하기 위해 석탄이 필요했습니다. 그런데 뉴커먼이 만들었던 증기기관은 거의 광산 소유주가 되어야지만 감당할 수 있는 양의 석탄을 필요로 했습니다. 와트는 이러한 단점을 보완하고자 석탄을 덜 쓰면서도 뜨거운 증기를 계속 축적할 수 있는 방안을 연구했는데, 문제는 와트가 이 연구에 4년 동안 쓴 돈이 무려 약 1,200파운드였다는 것입니다. 당시에는 런던에서 일하는 일반 사무직 근로자의 연봉이 약 100파운드였습니다. 이 말은 즉, 와트는 남들이 적어도 12년에서 15년 정도는 아끼고 아껴서 모아야 할 돈을 기술 개발에 썼다는 것입니다.

지금부터 여러분이 와트라고 상상해보겠습니다. 때는 계몽주의가 한창인 18세기입니다. 학자들을 말합니다. "여러분, 지식은 나눠야 하는 겁니다. 우리 함께 지성의 힘으로 계몽합시다!" 계몽주의는 합리적인 사고를 좋아합니다. 그럼 우리도 그에 맞게 합리적인 사고로 답변을 해줘야겠죠? 제가 와트였다면 저는 이 말을 듣고 속으로 이런 말을 했을 것입니다. "나누긴 뭘 나눠. 지금 연구 때문에 쌓인 빚이 얼만데, 뭘 나누라는 거야. 나누면 누가 밥 먹여주나?"

당시에는 이런 생각을 가졌던 기술자들이 한둘이 아니었습니다. 특허라는 제도 자체가 상당히 많은 비용을 필요로 했기 때문입니다. 당시에는 특허 하나 내는 데에 기술자가 변리사처럼 직접 특허 명세서도 써야 했고, 런던의 이곳저곳을 돌아다니며 특허 신청서를 제출해야 했습니다. 어디 그뿐인가요? 특허를 받기 위해서는 지금의 가치로 따지면 몇억 원 정도의 돈도 들었습니다. 왜냐하면, 당시의 유럽은 계몽주의 사상 때문에 특허 자체를 하나의 사회계약설로 간주하여 특허를 통해 사회에 도움이 되는 지식을 공유하는 대가로만 독점권을 허용했기 때문입니다.

각고의 노력 끝에 와트는 증기기관에 대한 특허권을 따내기는 했습니다. 그러나 문제는 연구와 기술 개발에만 강점이 있던 와트에게 마케팅 능력이 없었다는 것입니다. 한마디로 그는 특허는 있었어도 돈을 벌지는 못했다는 걸 의미하죠. 그러나 매튜 볼턴Matthew Boulton이라는 사업가이자 투자자는 와트의 기술력을 보며 이렇게 다가왔습니다. "참 멋진 기술이오. 그런데, 내가 보아하니 당신은 사업을 할 양반은 아닌 것 같소. 당신은 당신이 잘하는 걸 하고, 난 내가 잘하는 걸 해보면 어떻겠소? 대신, 특허는 나에게 넘기시오. 그 대가로 수익이 날 때마다 당신에게 돈을 줄 테니."

누군가는 볼턴의 제안을 보며 와트가 손해를 보는 게 아닌가 하는 생각을 할 수도 있습니다. 그러나 당시의 와트는 우선 빚을 탕감하고 다시 새롭게 도약하는 게 더 중요했습니다. 볼턴은 서로의 이익을 극대화하는 보상체계가 와트로 하여금 기술 개발에 매진할 수 있는 계기를 제공한다고 믿었습니다. 그리고 이러한 볼턴과 손을 잡았던 와트는 마침내 1776년 증기기관을 완벽하게 작동시키며 상업화할 수 있었습니다. 그리고 이 둘은 그 이후로 1790년까지 특허권 사용료를 통해 약 7만 6천 파운드 정도를 벌게 됩니다.

이유 없는 이유가 없는 이유

이번 질문에서 우리는 총 세 가지 예시를 통해 전제조건의 성립이 어떻게 기술 발전이라는 결론을 도출했는지 배웠습니다. 첫째, 베네치아는 몰락한 비잔틴 제국의 똑똑한 기술자들을 유치하기 위해 특허라는 보호막을 만들었고, 기술자들은 그 보호막 아래에서 더 다양한 기술을 발전시킬 수 있었습니다. 둘째, 계몽주의는 지식 공유와 지식 공유를 통한 사회적 명예 추구라는 이익을 내세워 지식인들이 더 다양한 과학적 이론을 수립하고 혁신 기술을 내놓을 수 있도록 독려했습니다. 셋째, 와트는 동업자였던 볼턴이 제안한 보상이라는 조건을 계기로 증기기관을 작동시키는 기술력을 확보할 수 있었습니다.

눈치가 빠르신 분들은 이 시점에서 뭔가 이상하다는 점을 느끼셨을 것입니다. 우리가 답하고자 했던 질문은 기술 발전이라는 결과가 아니라 기술 발전이 국가에 어떤 영향을 결과적으로 끼쳤는지를 물었습니다. 그러나 저는 이번 질문에서 '의도적'으로 기술 발전이 국가에 어떤 영향을 끼치는지에 대해서는 자세히 서술하지 않았습니다. 제가 이 질문을 통해 진정으로 의도했던 것은 바로 여러분의 '질문력'이기 때문입니다.

이 질문을 여러분과 함께 살펴보고자 했던 이유는 세상에 이유 없는 이유는 없기 때문입니다. 우리는 살아가면서 이유를 생각해보지도 않고 그냥 무작정 질문에 대한 답을 할 때가 많습니다. '왜?'라는 의구심 없이 그냥 질문을 하게 되면, 사람들은 주로 질문이 끝나는 끝 쪽 단어에만 집중합니다. 해결해야 할 문제는 주로 문장의 끝에 나타나기 때문입니다. 그러나 세상의 흐름을 파악할 때는 결론을 살펴보는 것도 중요하지만, 그 무엇보다 결론이 어떻게 도출됐는지 그리고 그 결론이 도출될 수밖에 없던 전제조건들이 무엇인지를 파악하는 게 더 중요합니다. 그냥 존재하는 결론은 없습니다. 그런 점에서,

흐름을 읽는 전문가가 되시려거든 오히려 시선을 문장의 앞쪽에 있는 단어에 두시길 바랍니다. 그 단어도 때로는 또 다른 결론의 전제조건이었을 가능성이 있기 때문입니다.

BACCALAUREATE WORLD HISTORY

3장

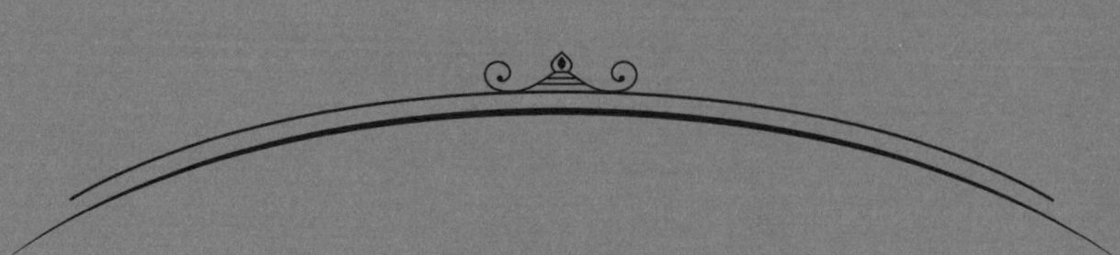

피 흘리지 않고 원하는 것을 얻는 방법

15세기~19세기

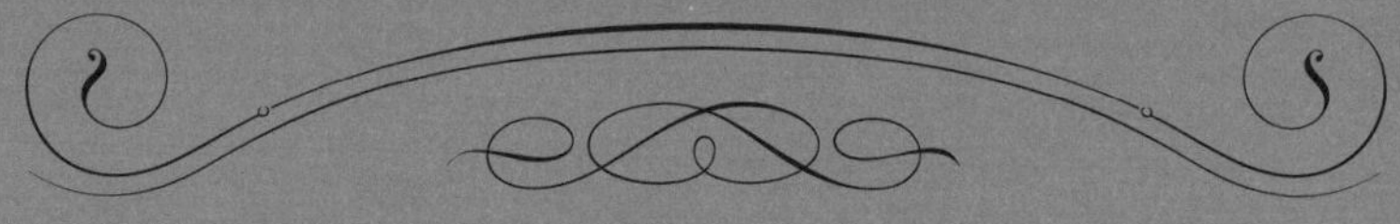

Question 5

리더가 비군사적 방법으로도 힘을 가질 수 있는가?

힌트

"보는 눈과 듣는 귀와 품을 수 있는 마음"

- 이 질문은 리더가 가져야 하는 가장 중요한 자질이 무엇인지 파악하는 데에 도움이 되는 질문입니다.
- 원하는 것을 얻기 위해서는 나 자신보다 내가 사랑하는 사람의 조언을 따르는 것이 때로는 더 큰 도움이 될 수 있다는 점을 기억해주시면 좋습니다.

안목

세종대왕과 과거시험

그대가 온 마음과 힘을 다해 노력한다면

제 인생의 좌우명은 '할 수 있고, 모든 것은 가능하다'입니다. 이 좌우명을 갖게 된 데에는 계기가 있습니다. 조선왕조실록 중《세종실록》의 '세종 22년 7월 21일'에 등장하는 이 문장을 보고 난 뒤부터입니다. "너의 자질이 아름다움을 아노니 하지 않으면 그만이거니와, 만약 마음과 힘을 다한다면 무슨 일인들 능히 하지 못하리오."

이 문장은 세종대왕이 자신의 신하였던 이사철을 함경도(당시에는 함길도)로 떠나보내기 전, 그와 함께 궁에서 마지막으로 나눈 대화의 일부입니다. 이사철은 세종 시절 줄곧 학문을 연구하는 집현전의 학사이자 세종대왕의 한글 창제를 보좌했던 신하입니다. 그런데 세종은 어느 날 그런 자신의 신하를 함경도로 보내는 결심을 합니다. 이런 이유 때문입니다. "나의 족속은 모두 학문을 모르므로, 네가 학문에 힘쓰는 것을 깊이 아름답게 여겨 내가 오래도록 집현전에 두고자 하였으나, 너는 시종한 지가 오래되어 나의 지극한 마음을 아는 까닭에, 특별히 너를 보내어 그 임무를 전적으로 맡기는 것이니, 너는 가서 게을리하지 말라."

집현전의 학사로서 연구만 하던 이사철은 내심 외지인 함경도로 가는 것이 두려워 세종께 이렇게 아뢲니다. "소신이 본디부터 사물에 정통하지 못하와 잘못 그르칠까 두렵습니다." 그러나 세종은 신하의 말을 듣고, 그에게 활과 화살을 하사하며 이렇게 용기를 북돋습니다. "너의 자질이 아름다움을 아노니 하지 않으면 그만이거니와, 만약 마음과 힘을 다한다면 무슨 일인들 능히 하지 못하리오."

내 사람을 보는 눈

사위지기자사士爲知己者死라는 고사성어가 있습니다. 선비는 자신을 알아주는 사람을 위해 목숨을 바친다는 뜻입니다. 살아가면서 목숨을 바칠 만큼 훌륭한 리더를 만난다는 것은 단순한 행운을 넘어 하늘이 허락한 천복이라고 생각합니다. 그것도 리더가 비군사적 혹은 비폭력적 방법으로 선한 영향력을 행사하며 모두의 존경을 받는다면, 그것 이상의 훌륭한 태평성대太平聖代가 어디에 있겠는지요.

태평성대는 말 그대로 어진 성군이 다스리는 평안한 시대를 의미합니다. 그러나 놀랍게도 세계사 특히 서양사를 공부하다 보면, 수많은 리더들은 태평성대는커녕 오히려 피 흘리는 공포정치를 통해 힘을 유지하거나 세력을 키웠다는 걸 목격할 수 있습니다. 이유는 잘 모르겠지만 추측하자면 아마 마키아벨리의 《군주론》이 큰 영향을 끼치지 않았나 싶습니다. 마키아벨리는 지도자를 위해 쓴 정치 철학서인 《군주론》의 제17장인 '잔인함과 인자함에 대하여'에서 이런 말을 합니다. "군주가 택일해야 한다면 사랑받는 군주보다는 무서운 군주가 되는 편이 훨씬 안전하다."

무서운 군주가 되는 쉬운 방법이 있습니다. 무력을 활용해 공포의 대상이 되고, 공포의 대상이 되어 자리를 보전하는 것입니다. 그러나 이 방법은 자리를 보전하기에는 효과가 있을지 몰라도, 지도자가 평생 죽을 때까지 홀로 외로운 존재로 남아야 한다는 맹점이 있습니다. 공포의 대상은 언제나 주변을 의심하고 또 의심하여 군신 간 팽팽한 신경전만 자극하기에 충신을 곁에 두지 못하기 때문입니다.

그러나 세종대왕은《군주론》에서 강조하는 공포의 대상과는 달리 첫째도 사람, 둘째도 사람, 셋째도 사람을 언급할 정도로 인재 육성과 사람 관리에 그 누구보다 진심을 쏟았습니다. 오직 훌륭한 인재를 곁에 두고 그들과 함께 백성을 사랑하는 마음으로 국정에 임해야만 백성이 살고 나라가 산다고 믿었기 때문입니다. 그러나 이런 위대한 왕에게도 고민이 하나 있었는데, 그건 바로 아무리 인재를 중요시 삼는 세종이더라도, 때로는 그 또한 모든 인재와 마음이 합하지는 않았다는 것입니다.

세종대왕이 왜 이런 고민을 했는지 눈치챌 수 있도록 도움을 준 사료가 있습니다. 그것은 바로 1447년 즉 세종 29년에 세종대왕이 직접 출제한 별시 과거시험의 문제입니다. 세종은 이런 문제를 냈습니다.

> 왕이 말하노라. 인재는 천하 국가의 지극한 보배다. 세상에 인재를 쓰고 싶지 않은 임금이 어디에 있겠느냐. 그러나 임금이 인재를 쓰지 못하는 경우는 세 가지다. 첫째는 누가 인재인지를 임금이 잘 모르는 경우이고, 둘째는 임금이 인재를 절실하게 필요로 하지 않는 경우이고, 셋째는 임금이 자신과 뜻이 맞지 않는 신하를 중용하지 않는 경우다.
>
> 또한, 뛰어난 인재가 어진 임금을 만나지 못하는 경우도 세

가지다. 첫째는 군신 간에 뜻이 통하지 않는 경우이고, 둘째는 비록 군신 간에 뜻이 통했다고 하더라도 신하가 임금을 진심으로 존경하지 않는 경우이며, 셋째는 임금과 뜻이 합하지 않는 신하가 스스로 관직을 포기하는 경우다.

임금이 인재를 알아보지 못하고, 신하가 임금과 통하지 않는 것은 두 맹인이 만나는 것과 똑같다. 어찌하면, 임금이 인재를 알아보고 중용할 수 있겠는가? 각자 온 마음을 다해, 생각하는 바를 적도록 하라.*

왕의 인간적 고백

이 문제의 핵심은 임금이 인재를 어떻게 알아보고 기용할 수 있는지 답하라는 것입니다. 여기서 우리가 눈여겨봐야 할 부분은 이 핵심 질문을 묻기 위해, 세종은 그의 솔직한 심정을 문제의 전반부에서 허심탄회하게 밝힌다는 것입니다. 그래서일까요? 세종이 출제한 과거시험의 문제가 제게는 이렇게 보입니다. "세상에 인재를 쓰고 싶지 않은 임금이 어디에 있겠느냐. 나는 신하와 뜻이 통하지 않는 맹인이 되고 싶지 않다. 나

* 박현모, 《세종처럼》(미다스북스, 2014) 중 수록된 강희맹의 《사숙재집(私淑齋集)권6》 세종의 과거시험 문제 참조.

는 왕이지만, 그대의 도움이 필요하다. 그런 그대가, 나를 좀 도와줄 수는 없겠는가? 난 그대가 절실히 필요하다."

사실 조선시대의 과거시험, 특히 최종 관문의 문제로 나오는 책문은 때때로 왕이 선비들에게 자신의 심정을 허심탄회하게 고백하는 수단으로도 쓰였습니다. 그리고 왕은 자신이 그것을 직접 읽을 것이니, 응시자들에게 온 정성과 마음을 다해 답을 쓰라고 요구했죠. 자신의 마음을 인간적으로 고백한 이는 비단 세종대왕뿐만이 아닙니다. 우리가 잘 아는 광해군 또한 아주 솔직한 고백을 한 적이 있습니다. 광해군이 1616년에 출제했던 과거시험 문제는 오늘날의 우리가 읽어도 상당히 감성적입니다.

> 가면 반드시 돌아오니 해이고, 밝으면 반드시 어두우니 밤이다. 그런데 섣달 그믐밤에 꼭 밤을 지새우는 까닭은 무엇인가.
> 세월이 흘러감을 탄식하는 것에 대한 그대들의 생각을 듣고 싶다.*

저는 외교안보와 정치경제를 전공한 사람이기 때문에 이 문제 또한 제 전공의 시각에서 살펴보고자 합니다. 앞에

* 이기환, "광해군의 논술문제, '섣달그믐밤, 그 쓸쓸함에 대해 논하라'", 경향신문, 2018년 10월 25일 참조.

서 말씀드렸듯, 당시 광해군이 이 문제를 냈을 때는 1616년 즉 광해군 8년입니다. 세계사에서 1616년은 전 세계적으로 새로운 신흥세력 등장의 신호탄을 알리는 해입니다. 중국 만주 지역에서 명나라의 힘이 약해지자, 누르하치가 1616년 만주족을 통일하며 청나라의 전신인 후금을 건국했기 때문이죠. (참고로, 신흥세력이 된 후금은 1618년 명나라와의 전쟁을 선포하며 세력 경쟁에서 승리를 연속으로 거두었습니다. 그리고 그 후, 1627년에는 후금으로서 조선을 침략하여 정묘호란을 일으켰고, 1637년에는 바뀐 국호인 청으로서 조선을 침략하며 병자호란을 일으켰습니다)

세계 무대에 신흥세력, 그것도 나와 손을 잡은 나라(당시에는 명나라)를 견제하는 세력이 새롭게 등장한다는 것은 내 국민과 국가에 위협적 존재가 탄생했다는 것을 의미합니다. 즉, 아무리 눈치가 없는 리더라고 할지라도, 이런 대외적 위협을 인지하게 되면 그 누구라도 나라 걱정을 할 수밖에 없다는 걸 의미합니다. 그럼 이와 비슷하게, 광해군이 1616년 누르하치가 명의 쇠퇴를 틈타 후금을 건국했다는 소식을 들었을 때 얼마나 많은 생각이 들었겠는지요. 아마 이 이유로 광해군은 밤을 지새우며 여러 생각을 하다가, 훗날에 쓰일 조선의 중립 외교정책을 떠올리지 않았을까 싶습니다.

용기 있는 직언과 듣는 귀

그런 점에서 1616년도의 과거시험을 준비하는 선비들만큼은 그 무엇보다 정치, 외교, 군사와 관련된 주제를 중심으로 시험공부를 했을지도 모르겠습니다. 주로 과거시험의 최종 관문에서는 왕이 현재 자신에게 가장 고민이 되는 부분을 문제로 출제했기 때문이죠. 그러나 저는 광해군이 시험 문제에 남긴 이 표현 '세월이 흘러감을 탄식하는 것에 대한 그대들의 생각을 듣고 싶다'를 보며, 정작 왕이 선비들에게 진심으로 하고 싶던 말은 이것이 아니었을까를 생각해보게 됩니다. "임진왜란이 끝난 지 아직 20년도 채 지나지 않았는데, 또다시 명과 후금 사이에서 조선의 위치를 생각하니, 과인의 몸과 마음이 몹시 아프구나. 그런데, 왜 밤을 지새워도 더 좋은 해결책은 생각이 나지를 않는 것이냐 말이다. 이를 어떻게 하면 좋겠는가. 내 도통 머리가 아파서, 자꾸만 흘러가는 세월만 탄식하게 되는구나."

흥미로운 사실은 광해군이 이렇게 진심이 담긴 감성적인 문제를 냈는데도 불구하고, 이에 대한 2등 급제자의 답변은 감성적인 것 같으면서도 대단히 이성적이었다는 것입니다. 차석 급제를 한 선비의 답변은 다음과 같았습니다.

"전하, 인생이란 본래 불처럼 짧고, 젊음 또한 돌아오지는 않습니다. 전하께서 섣달 그믐밤을 지새우시는 이유는 지나가는 세월이 안타까워서 그러신 것이 아닐지요. 그러나 전하, 사람이 세월 가는 것을 안타까워하는 것이지, 세월은 사람 가는 것을 안타까워하지 않습니다. 그러니, 그저 학문에 힘을 쓰시어 마음을 모으시면 됩니다."*

이 답은 당대의 문인인 이명한이 작성한 것으로, 그는 이 답을 통해 과거시험에 차석으로 합격하는 쾌거를 얻었습니다. 그런데, 이 답변을 보며 여러분은 어떤 생각을 하셨나요? 저는 이런 생각을 했습니다. "용감한데? 이거 뭔가 직언이 아닌 것 같으면서도 엄청난 직언을 했네. 그나저나, 왕한테 혼나지 않으려나?" 사람이 세월 가는 것을 안타까워하는 것이고, 세월은 사람 가는 것을 안타까워하지 않는다는 표현은 왕에게 이렇게 직언하는 것과 똑같습니다. "전하, 정신 차리세요. 지금 같은 상황에서는 그런 한탄을 하시는 것 자체가 의미가 없습니다. 그런 생각하실 시간에 차라리 하나라도 더 공부하셔서 문제에 맞는 해결책을 찾으십시오."

역사에 만약이라는 것은 없지만 그래도 만약, 광해군 또한 저와 같은 마음이었다면 그는 술을 한 잔 들이켠 뒤 홀로 이런 생각을 하지 않았을까 싶습니다. "짐이 마음속에 있는 고민을 그대에게 온전히 말하지는 못했으므로, 그대 또한 짐에게 할 수 있는 직언에 한계가 있었을 것이다. 그러나, 짐은 참으

* 이명한의 《백주집(白洲集)》(1646) 수록된 글 참조하여 구어체로 변경.

로 기쁘다. 이런 난세의 상황 속에서도 짐에게 용기를 갖고 직언을 할 수 있는 선비를 만났다는 것은 짐의 축복이자 조선의 축복이 아니겠는가."

비록 이 답변이 장원 급제를 할 만큼의 답은 아니었더라도, 이렇게 왕에게 용기를 갖고 돌직구를 던지는 자에게 차석의 자리를 내준 걸 보면 조선이 얼마나 인재의 목소리에 귀 기울이려 했는지를 간접적으로나마 알 수 있습니다. 그리고 이렇게 조선이 인재의 직언을 허투루 듣지 않고 실제로 국정 운영에 반영하려 했던 걸 미루어 볼 때, 이 노력은 이미 광해군 시대 훨씬 이전부터 이어져 왔다는 걸 알 수 있습니다. 본래, 인재를 알아보는 리더의 그릇은 한 번에 만들어지는 것이 아니라, 깨지고, 깨지고, 또 깨져서, 그 그릇이 더 커질 때까지 아주 오랜 시간이 걸리기 때문입니다. 그리고 조선 전기의 경우에는 이미 오래전부터 세종대왕이 그 그릇의 틀을 다잡았기 때문에 인재를 귀하게 대하려고 노력했던 거고요.

인재를 못 알아보는 이유, 거리

수많은 세계사 기록을 보더라도, 조선의 세종 시대만큼 걸출한 인재들이 대거 등용된 적이 없습니다. 그럼에도 불구하고 세종은 1447년 별시 과거시험 문제를 통해 인재를 어떻게 발굴하고 중용해야 하는지 답하라고 또다시 묻습니다. 인재만큼 중요한 게 없다는 걸 보여주는 대목입니다.

우리는 이 시험 문제가 출제된 연도를 눈여겨봐야 합니다. 세종대왕은 1446년 훈민정음을 반포하고 건강이 급격히 악화하며 1450년 즉, 세종 32년에 승하합니다. 이러한 시간상의 흐름만 살펴보더라도, 왕은 자신의 건강이 쇠약해져 죽음을 앞두고 있다는 걸 알고 있음에도 불구하고 어떻게 하면 더 좋은 인재를 알아볼 수 있는지 물어봤습니다. 그리고 이에 대한 답으로 24살의 청년이었던 강희맹은 일목요연하게 답합니다. "전하, 전하의 시점으로 인재를 평가하지 마시옵고, 단점은 과감히 눈 감으소서."

강희맹은 1447년 치러진 별시 과거시험에서 장원으로 급제를 한 인물입니다. 강희맹은 세종부터 성종 시대까지 무려 6대에 걸쳐서 공직 생활을 했는데, 그는 요직을 거치기도 했지만 특히 인사 업무를 통해 많은 인재들을 발탁한 것으로 알려져 있습니다. 세종은 분명 과거시험 문제에 이런 표현을 썼습니다. "임금이 인재를 쓰지 못하는 경우는 세 가지다. 첫째는 누가 인재인지를 임금이 잘 모르는 경우이고, 둘째는 임금이 인재를 절실하게 필요로 하지 않는 경우이고, 셋째는 임금이 자신과 정치적 뜻이 맞지 않는 신하를 중용하지 않는 경우다."

강희맹이 과거시험에 임했을 당시, 그는 왕이 인재를 알아보지 못하는 이유를 이렇게 설명했습니다. "전하, 이 세상에 완벽한 사람은 없습니다. 그러나 누구든 능력은 있으니, 완벽지 못한 자도 그 능력에 맞는 자리에 앉아야 인재가 될 수 있습니다. 인재가 없다고 하지 마시옵소서. 인재는 가까이에도 있고, 멀리에도 있습니다. 전하로부터 멀리 있는 자는 당연히 전하의 눈에 들 수 없습니다. 멀리 있는 자는 전하와 신뢰를 쌓을 기회조차 얻기 힘들기 때문입니다. 그러니, 전하께서도 그에게 책임을 맡기실 필요가 없으실 테지요. 반면에, 전하와 너무 가까이에 있는 자들도 전하의 눈에 들 수가 없습니다. 모름지기 사람은 자신과 가까이 있는 자는 대수롭지 않게 여겨, 자신 곁에 있는 걸 당연하다고 믿기 때문입니다. 그러니, 전하께서도 가까이에 있는 자들의 능력을 전하의 시각으로만 보시게 된다면, 그들의 잠재력은 꽃피우지를 못합니다."*

인재를 절실히 필요로 하지 않는 이유, 의심

왕이 인재를 절실히 필요로 하지 않는 것은 왕이 인재를 쓰지 못하는 두 번째 이유에 해당합니다. 그리고 강희맹은 독

* 박현모, 《세종처럼》(미다스북스, 2014) 중 수록된 강희맹의 《사숙재집(私淑齋集)권6》 참조. ; 김준태, "왕이 묻고 신하가 답하다 : 세종-강희맹"(DBR, 2020년 3월) 참조하여 구어체로 변경.

심술을 이용하듯 왕이 인재를 절실하게 필요로 하지 않는 경우를 다음과 같이 설명합니다.

"전하, 저는 분명 전하를 가까이에서 그리고 멀리서 보필하는 모든 자를 두루 살피시라고 말씀드렸습니다. 그럼 이제는 인재를 알아볼 수 있으시니, 그 인재가 능력을 펼칠 수 있는 법에 대해서도 말씀드리겠습니다. 전하께서도 말씀하셨듯, 인재가 능력을 펼치기 위해서는 전하께서 그를 절실히 필요로 하셔야 합니다. 그러나 전하, 전하께서는 그들에 대해 얼마나 알고 계시는지요. 그냥 필요로 하는 게 아니라, 절실히 필요로 하기 위해서는 그 인재의 능력이 평범하지 않다는 것을 전하께서 먼저 인지하셔야 합니다. 능력에도 종류와 수준이 나뉩니다. 전하께는 평범한 인재가 아니라 나라의 발전을 함께 도모할 수 있는 뛰어난 인재가 필요합니다. 그러나 전하께서 혹여나 인재의 능력을 평범하게 여기신다면, 그는 평생 평범한 사람으로만 남을 것입니다. 그러니 전하, 부디 인재에 대한 주변의 평가를 귀 기울여 들으시길 바랍니다. 그리고 그 평가를 통해 인재의 성정뿐 아니라 강점과 단점을 모두 파악하시길 바랍니다. 강점을 발견하시게 되면, 단점은 과감히 눈 감아 주시길 바랍니다. 그래야 그도 자신의 강점과 일치한 일과 기회를 통해 의미 있는 기지를 발휘하고 가치를 생산할 것입니다. 그러니 전하, 인재를 쓰시려거든 한 치의 의심도 없이 인재를 믿고 일을 맡기십시오. 의심이 기웃거리는 순간, 인재의 날개도 접힙니다."*

인재와 뜻이 맞지 않는 이유, 주관성

왕이 인재와 뜻이 맞지 않는 것은 왕이 인재를 쓰지 못하는 마지막 이유에 해당합니다. 저는 개인적으로 강희맹이 작성한 이 마지막 답이 그를 장원 급제자로 만들어주지 않았나 하는 생각을 합니다. 그의 마지막 답은 일반 사람이라면 왕에게 쉽게 할 수 없는 직언이 담겨있으며, 그의 서슴없는 직언은 왕으로 하여금 자신의 삶을 되돌아보게 만들기 때문입니다. 강희맹은 왕이 인재와 뜻이 맞지 않는 경우를 이렇게 설명합니다.

"전하, 이제 마지막으로 답하겠습니다. 저는 전하께 인재를 알아볼 수 있는 법과 인재를 절실히 필요로 하는 법도 알려드렸습니다. 그러나 전하, 아무리 전하께서 인재를 알아보시고 절실히 필요로 하신다고 해도 전하께서 펼치시려는 뜻을 신하에게 설득하지 못하신다면, 전하는 그 어떤 인재와도 협업할 수 없으실 것입니다. 전하께서는 어떤 삶의 철학과 원칙으로 인생을 바라보시는지요. 어떤 이는 도덕을 우선시할

* 앞에서 참조한 자료

수 있고, 어떤 이는 유명세를 통해 입신양명하는 삶을 우선시할 수 있습니다. 만일, 전하께서 도덕을 최고로 여기시고 유명세를 통한 입신양명을 저속하게 여기신다면, 전하의 눈에는 오직 도덕을 귀히 여기는 자만이 인재가 되어 전하와 뜻을 합칠 수 있을 것입니다. 그러나 만일 전하께서 입신양명을 높이 평가하시고 도덕만 강조하는 자를 고루하다고 여기신다면, 전하께서는 전하와 삶의 기준이 비슷한 자를 인재로 택하실 것입니다. 이렇듯, 다른 이는 몰라도 모름지기 왕은 주관적 기준을 내세우지 않고 다양한 시각에서 인재를 존중할 줄 알아야 합니다. 왕이 자기 관심사와 성향에만 맞는 사람을 찾는다면, 그것은 인재 배척과 똑같습니다. 왕과 생각이 다르다고 하여 뜻이 다른 인재를 버리게 된다면, 전하께서는 오로지 전하의 눈치만 살피는 간신만을 신하로 남기실 것입니다. 충신을 얻기 위해 주관적 기준을 버리십시오. 그리고 사람은 각자 갖고 태어난 성정과 능력이 다르니, 우선 인재의 인격을 완성 시키신 후 전하의 사람으로 쓰시면 됩니다."**

** 앞에서 참조한 자료

사람을 보는 눈, 들을 수 있는 귀, 따뜻한 사랑

우리가 답하고자 했던 질문은 이것입니다. '리더가 비군사적 방법으로도 힘을 가질 수 있는가?' 이 질문은 과거에도 그랬지만, 지금의 우리에게도 중요하고 앞으로도 쭉 중요한 질문으로 남을 것입니다. 국가, 사회, 그리고 조직은 어떤 리더를 만나는지에 따라 미래의 방향과 역사의 흐름이 바뀌기 때문입니다. 그런 점에서, 이번 질문만큼은 우리의 역사를 통해 답을 하고 싶었습니다. 전 세계 역사상, 과거시험이라는 제도를 통해 지혜로운 인재를 발굴하고, 인재의 거침없는 직언을 경청함으로써 리더의 힘뿐 아니라 국가의 힘을 키우려고 노력했던 사례가 많지 않기 때문입니다.

물론, 조선시대 때는 예절도 굉장히 중요했기 때문에 너무도가 지나칠 정도로 직언을 하는 사람에게는 왕이 경고를 하기도 했습니다. 그럼에도 왕들은 화를 냈다가도 직언한 인재를 용서하는 경우가 많았습니다. 내 사람을 아끼는 마음, 내 사람의 말을 들을 수 있는 귀, 그리고 리더로서의 넓은 아량이 없고서는 절대 불가능한 일이지요.

리더는 힘으로 성장하는 것이 아니라, 리더가 추종자에게 주는 사랑과 추종자가 리더에 주는 사랑으로 성장합니다. 리더가 인재를 알아보고 인재의 직언을 큰마음으로 받아줄 수 있는 근본적인 배경은, 리더가 자신을 따르는 자를 사랑하는 마음으로 대하기 때문입니다. 군신 간 사랑이 있기 때문에, 함경도로 떠나야 했던 이사철이 "전하, 제가 잘할 수 있을까요? 저는 너무나 두렵습니다."라는 솔직한 마음을 고백할 수 있었을 것입니다. 그리고 세종 또한 자신의 인재를 아끼고 사랑하는 마음이 있기 때문에 "그대의 자질은 아름답다. 그런 자질을 가지고 아무것도 하지 않겠다고 해도 내 뭐라 할 수 없지만, 그대가 만약 온 마음과 힘을 다해 노력한다면 무슨 일인들 해내지 못하겠는가?"라는 따뜻한 말을 전할 수 있었을 것이고요.

사람이 전부이고, 내 사람이 해주는 말은 특히나 중요합니다. 사랑하면 사랑할수록, 상대가 잘되길 바라기 때문에 도움이 되는 말을 해주기 때문입니다. 그래서 리더는 내 사람을 인정해주고 내 사람의 직언을 경청할 때 더 큰 힘을 키울 수 있습니다. 사람은 본래 사위지기자사士爲知己者死 정신을 통해 나를 믿어주고, 인정해주는 사람을 위해서는 못 할 것이 없기 때문입니다. 그렇기에 때로는 사람의 힘과 사랑의 힘이 총과 칼보다 더 무섭습니다. 따뜻함은 차가운 것을 녹이기 때문입니다.

Question 6

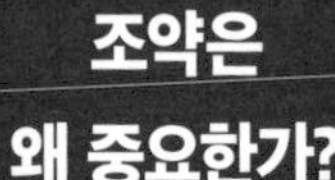

조약은 왜 중요한가?

힌트

"첫 번째만 어렵지,
그 이후부터는 어렵지 않습니다."

- 이 질문은 '처음'을 지키는 게 왜 중요한지를 이해하는 데에 도움이 되는 질문입니다.
- 희생 없이 원하는 것을 얻기 위해서는 그 누구보다 강해져야 합니다. 그리고 강해지기 위해서는, 약해질 이유를 만들지 않아야 한다는 걸 기억하시면 좋습니다.

방어

아편전쟁과 난징조약

도미노 같은 조약

'뚫는다'라는 동사만큼 긍정과 부정의 의미를 모두 담는 단어가 몇 없습니다. 표준국어대사전에 따르면, '뚫는다'는 구멍을 낸다는 의미도 있고 막힌 것을 통하게 해준다는 의미도 있습니다. 놀랍지만 조약도 그렇습니다. 조약Treaty은 국가 간 합의에 따른 법적 구속을 규정합니다. 그런데 조약은 마치 도미노와 비슷합니다. 다 세워진 도미노를 자칫 실수로 건드리면, 손을 쓸 시간도 없이 나머지도 차례대로 무너지기 때문입니다. 그래서 조약은 첫 단추를 잘 끼우는 것이 중요합니다.

첫 단추를 잘못 끼우는 순간, 다음에 체결될 조약도 그르칠 가능성이 크기 때문입니다.

이번 질문을 두괄식으로 시작하는 데에는 이유가 있습니다. 조약처럼 우리에게 익숙하지 않은 주제는 첫 이해가 빠르면 빠를수록, 그다음에 이어질 논리도 막힘없이 흐르기 때문입니다. 이는 즉 '뚫는다'의 정의처럼 논리의 핵심을 초반에 뚫고 가야만 세상의 흐름이 더 빨리 보인다는 것을 의미합니다. 사실 조약만큼 우리의 실생활과 멀어 보이면서도 밀접한 주제가 없습니다. 국가 간 합의 하나로 식민지가 될 수도 있고, 독립국이 될 수도 있으니 말이죠.

조약의 역사 그리고 협상의 역사를 살피다 보면 특이점을 하나 발견할 수 있는데, 그건 바로 강대국이면 강대국일수록 전통 외교관보다 국제관계 혹은 법을 전공한 변호사, 정치인, 그리고 보좌관 출신이 외무장관으로 활동하는 경우가 많다는 것입니다. (예외적으로 아시아 국가는 전통 외교관 출신이 외무장관으로 발탁되는 경우가 많습니다)

변호사, 정치인, 그리고 보좌관에는 공통점이 있습니다. 이들은 언어 구사력이 뛰어나기 때문에 법을 만들거나 해석하는 데에 일가견이 있다는 것입니다. 그래서 조약이나 협정 체결이 잦은 강대국은 언어의 마술사들을 외교 수장이나 협상가로 세울 때가 많습니다. 언어의 마술사들이 특유의 외교적 수사법으로 상대국의 논리를 교란해야, 국가 간 합의를 이룰 때 피 흘리지 않고 원하는 걸 얻기 때문입니다. 물론, 때로는 어쩔 수 없이 피를 흘려야 할 때도 있습니다. 그러나 소량의 피만 흘리고 나머지는 협상으로 얻은 뒤 조약을 체결하면, 이것도 그리 손해 보는 장사는 아니지 않겠는지요? 그렇기에 조약은 지피지기 백전불태知彼知己 百戰不殆의 자세로 임하지 않으면 체결해서는 안 됩니다. 상대를 모르고 나를 모르는 상황에서 체결하는 조약은 자칫 잘못하면 불평등조약이 될 가능성이 커서, 내 국민 그리고 내 국민의 3대까지도 외교적 연좌제를 경험할 수 있기 때문입니다.

중국의 씻을 수 없는 1세기 치욕, 백년국치

중국 근현대사, 중국의 외교정책, 그리고 중국과 관련한 모든 국내외 기사를 볼 때마다 접하는 표현이 있습니다. 백년국치百年国耻 혹은 百年國恥입니다. 백년국치는 100 Years of Humiliation 혹은 Century of Humiliation이라고도 불립니다. 이는 말 그대로 중국이 겪은 100년간의 굴욕을 의미하는데, 중국은 백년국치의 시기를 1839년부터 1949년까지로 정합니다. 그런데 연도를 보면 아시겠지만, 1839년부터 1949년은 100년이 아니라 110년입니다. 그래서 정확히 표현하자면, 이는 100년간의 굴욕이 아니라 110년간의 굴욕으로 표현하는 게 맞긴 합니다. 그러나 아까도 말씀드렸듯 외교의 꽃은 언어입니다. 이는 즉 100년이라는 레토릭이 성립되지 않으면, 중국 지도부도 백년국치를 그들의 정치적 기조이자 명분으로 쓸 수 없다는 것을 의미합니다.

1839년부터 1949년은 중국에 있어서 외세에 의해 침탈당한 기간을 뜻합니다. 이를 좀 더 세분화하자면, 1839년은 중국이 영국과 아편전쟁을 치른 해이고 1949년은 중화인민공화국이 수립된 해입니다. 중국 지도부는 중국의 국가적 목표 그리고 대외정책을 수립할 때마다 백년국치를 언급하는데, 이들에 의하면 중국은 백년국치로 인해 총 세 가지를 잃었습니다. 첫 번째는 영토이고, 두 번째는 대내외적 환경을 제어하는 능력이며, 세 번째는 국제무대에서의 존엄과 지위입니다. 중국은 이러한 경험 때문에 영토보전, 중국 국민 간의 단결심, 그리고 평화 5원칙을 중국 대전략의 기반으로 삼습니다.

특히 중국의 '평화 5원칙Five Principles of Peaceful Coexistence'은 중국 외교정책의 기본방침으로 쓰이는데, 이 원칙들은 다음과 같습니다. 영토 · 주권의 상호존중, 상호불가침, 내정불간섭, 평등과 호혜의 원칙, 그리고 평화적 공존. 중요한 키워드들을 드린 만큼 여기서 전략적으로 생각하는 시간을 가져보겠습니다. 여러분께서 중국의 지도부라고 상상해보세요. 하고 많은 원칙 중에 여러분께서는 왜 위의 다섯 가지 원칙을 외교정책의 기본방침으로 세우셨나요? 맞습니다, 바로 중국이 이 다섯

가지 모두를 백년국치 동안 빼앗겼기 때문입니다. (참고로 평화 5원칙을 평화공존 5원칙이라고도 부릅니다)

1839년이라는 연도에서 확인할 수 있는 것처럼, 중국의 백년국치는 아편전쟁으로 시작합니다. 그럼, 아편전쟁은 왜 중국에 씻을 수 없는 치욕을 안겨준 것일까요? 그것은 바로 1842년에 체결된 난징조약 때문입니다.

중국 최초의 불평등조약, 난징조약

난징조약은 1842년 8월 29일, 근대 중국의 마지막 왕조인 청나라가 영국과의 아편전쟁에서 패배한 이후 맺은 불평등조약입니다. 우선 아편전쟁이 일어나게 된 이유를 살펴보기에 앞서서, 이 조약이 어떻게 중국에 치욕을 안겼는지 난징조약의 핵심 부분들을 보여드리도록 하겠습니다.

제2조. 청은 광저우 외에 아모이(샤먼), 푸저우, 닝보, 상하이를 개항한다.

제3조. 청은 홍콩섬을 할양하고, 홍콩섬은 영국의 법률에 따라 통치된다.

제5조. 청은 공행公行을 폐지하고, 공행의 채무금을 지불한다.

제가 여러분께 아편전쟁이 일어난 배경을 자세히 설명하기보다, 난징조약의 일부를 먼저 보여드린 데에는 이유가 있습니다. 우리가 이 책을 통해서 가져야 할 핵심 능력은 역사를 그냥 읽는 게 아니라, 세상의 흐름이 당시에는 그렇게 흘러갈 수밖에 없었던 이유를 파헤치는 것이기 때문입니다.

그런 점에서 조약의 공통적인 특징을 하나씩 살펴보도록 하겠습니다. 제2조를 먼저 살펴보겠습니다. 제2조는 광저우 외에 아모이(샤먼), 푸저우, 닝보, 상하이를 개항하라는 내용을 담고 있습니다. 우리가 여기서 본능적으로 물어야 할 질문은 다음과 같습니다. "도대체 왜 영국은 광저우 외에도 아모이(샤먼), 푸저우, 닝보, 상하이를 개항하라고 했지?" 우리는 이 질문으로부터 벌써 하나의 단서는 확보했습니다. 광저우 '외에도'라는 표현을 통해, 광저우는 이미 아편전쟁이 일어나기 전에 개항했었다는 걸 알 수 있습니다.

이번에는 제3조를 살펴보도록 하겠습니다. 제3조는 청은 홍콩섬을 영국에 할양해야 한다는 내용을 담고 있습니다. 난징조약의 제2조와 제3조는 모두 영토 그리고 항구 개항과 관련한 내용을 다룹니다. 그런데 뭔가 좀 이상합니다. 제2조는 개항으로만 조건이 끝나는데, 제3조는 영토 할양까지 요구하기 때문입니다. 그런 의미에서 우리는 또 한 번 물어야 합니다. "왜 제3조는 홍콩 할양까지 요구하지?"

제5조를 살펴보겠습니다. 제5조는 청은 공행을 폐지하고

공행의 채무금을 지불해야 한다는 내용을 담고 있습니다. 우리는 여기서 또 한 가지 단서를 얻을 수 있습니다. 공행이 무엇인지 모르더라도 '폐지Abolish'라는 단어만 보면, 공행은 청나라가 실시하던 제도 중 하나였을 가능성이 높다는 것입니다. 질문을 드리겠습니다. 영국은 왜 굳이 공행 제도를 폐지하라고 했을까요? 간단한 논리입니다. 영국의 입장에서는 이 제도가 못마땅했기 때문에 이 제도를 폐지하라고 요구한 것입니다.

난징조약 제2조와 제5조로 보는 청의 폐쇄성

앞서 물은 질문들과 연계하여 아편전쟁이 일어날 수밖에 없던 이유, 그리고 조약이 불평등하게 체결될 수밖에 없던 이유에 대해 답해보도록 하겠습니다. 우선 제2조부터 연계해보죠. 개항을 한다는 것은 항구를 연다는 걸 의미합니다. 항구도시는 해안가에 있습니다. 제2조를 통해 우리가 얻은 단서는, 이미 광저우는 아편전쟁이 일어나기 전에 개항하고 있었다는 것입니다.

잠시 세계 지도에서 중국의 위치를 생각해볼까요? 중국은 북쪽으로는 몽골과 러시아, 서쪽으로는 카자흐스탄, 키르기즈스탄, 타지키스탄, 인도, 그리고 남쪽으로는 미얀마, 라오스,

베트남에 둘러싸여 있습니다. 이를 통해 알 수 있는 건 하나입니다. 중국이 항구를 열 수 있는 곳은 오직 남쪽의 일부와 동쪽의 해안선이라는 것을 말이죠.

중국 광저우에 여행을 가보신 분들은 아시겠지만, 광저우는 홍콩보다 좀 더 위쪽에 자리 잡고 있으면서도 내륙 가까이에 자리 잡고 있습니다. 전략적으로 생각하는 데 익숙해진 분들께서는 이 부분을 보시자마자 이런 생각을 하셨을 것입니다. "무역을 하려면 지리적으로 안쪽에 있는 곳보다 공간이 넓게 열려 있는 바다 쪽이 낫지 않나?"

저는 청나라의 성격과 그들의 세계관을 설명하는 데에 있어서 이 이상의 날카로운 질문은 없다고 봅니다. 활발한 무역을 통해 다른 국가와 교류를 늘리고 중국과 아시아를 넘어 아메리카, 아프리카, 유럽 등등을 탐험하기 위해서는 해안가에 있는 도시들을 발전시키고 개항하는 것이 유리합니다. 그러나 청나라는 오직 광저우에서만 서양인을 상대로 한 대외 무역을 허용했습니다. 놀랍게도 그 이유는 다름 아닌 청나라의 탄생 배경 때문입니다.

혹시 1616년에 어떤 일이 일어났는지 기억하시나요? 그렇죠. 1616년은 조선으로 치면 광해군 8년이었고, 국제정치로 치면 명나라의 쇠퇴를 틈타 누르하치가 만주족을 통일시키며 후금을 건국한 해입니다. 아시다시피 후금은 나중에 국명을 바꿔 청으로 재탄생합니다. 그런데 청에는 특징이 하나 있습니다. 그것은 바로 청은 만주족이 세운 국가라는 것입니다. 만주족은 유목민 출신이기 때문에 말을 타고 광활한 대륙을 달리는 데에는 일가견이 있었습니다. 그리고 그 이유로, 청은 기병을 활용한 대륙 정복과 육군 활용에는 강점이 있었으나, 해군을 활용한 해전에는 기지를 발휘하지 못했습니다.

사실 명나라도 청나라처럼 바다를 잘 활용하지는 못했습니다. 오히려 명은 해금령을 시행하여 주민들이 아예 바다 근처에는 얼씬도 못 하게 했었죠. 명이 해금령을 시행한 데에는 이유가 있는데, 그것은 바로 국가 자산이 외부로 유출되는 것을 막기 위함이었고 주민들이 해양 세력과 결탁해 반란을 일으키지 못하게 하기 위함이었습니다. 청도 명의 해금령을 이어받아 1661년 해금령을 시행했습니다. 그런데 흥미로운 점은, 이 1661년이 청의 '강건성세康乾盛世'의 시작 연도라는 것입니다. 조선이 세종대왕 치세기에 태평성대를 이룬 것처럼, 청나라는 강희제, 옹정제, 건륭제까지 세 명의 황제가 1661년부터 1795년까지 다스렸던 130여 년의 태평성대 시기를 강건성세라고 부릅니다.

강건성세 때 청이 이뤘던 가장 큰 업적은 활발한 영토 정복입니다. 오늘날의 중국이 가진 영토도 본래는 건륭제 때 확정된 영토입니다. 영토를 지키는 것은 지도자가 제일 중요하게 여겨야 하는 책임 중 하나입니다. 그런 의미에서 여러분께서 한번 청의 황제라고 상상해보고 답해보세요. 여러분은 청의 황제로서 왜 해금령을 시행하시나요? 아마 명이 펼쳤던 논리와 비슷할 것입니다. 이렇게 생각해보죠. 해안 도시들이 발전하고 해상 무역이 발전하면, 해안가 인근에 사는 주민들의 힘은 더 커질 수밖에 없습니다. 그런데 힘이라는 것은 막상 커지면 종잡을 수 없이 커지기 때문에, 청 황제의 입장에서 봤을 때 해양 세력이 발전한다는 것은 새로운 반란 세력의 등장 가능성을 의미합니다.

바로 이 이유로, 청나라는 광저우에서만 영국과의 무역을 허용했습니다. 다른 해안가 도시를 개항하면 개항할수록 외세의 침입이 잦아질 확률이 높고, 그렇게 되면 해안가에 사는 주민들이 해양 세력과 결탁하여 청 정부의 반란 세력으로 등장할 수 있기 때문이죠. 어디 그뿐인가요? 주민들이 해양 세력과 결탁해 반란 세력으로 돌아서는 것을 막기 위해 등장한 제도도 있었으니, 그것이 바로 난징조약 제5조에 등장하는 공행입니다.

공행은 1760년대에 광저우에서 결성된 상인 조합입니다. 그런데 이 조합에는 아주 특별한 권리가 있습니다. 그것은 오직 공행만이 청 정부로부터 외국인과 무역할 수 있는 공식 허가를 받았다는 것입니다. 청과 무역을 하고 싶은 모든 이들은 공행의 관리, 감독을 받고 보증을 얻어야 했습니다. 이 제도가 얼마나 쇄국적이고 폐쇄적인지를 보여주는 간접 지표가 있습니다. 다름 아닌 청나라의 인구와 GDP입니다.

청이 최전성기를 달렸던 시기는 강건성세기입니다. 그리고 그중에서도 건륭제의 치세기에는 청이 전 세계적으로 최전성기를 달렸습니다. 건륭제는 1735년부터 1795년까지 약 60여 년간 통치했습니다. 건륭제가 황제로 취임한 지 6년이 되는 해에 실시한 인구조사 결과에 의하면, 그때도 이미 중국의 인구는 1억 4천만 명에 달했습니다. (참고로 19세기 초반인 1800년 즈음에는 인구가 3억 명으로 급증합니다) 그리고 이때 중국의 GDP는 전 세계 3분의 1을 차지하면서, 산업혁명으로 경제발전을 꾀하고 있던 영국도 중국의 인구와 경제력에는 혀를 내두를 정도였습니다.

결과적으로 이 숫자들이 시사하는 바가 있습니다. 중국의 크기에 비해 중국의 개방성은 비교도 할 수 없이 낮았다는 것입니다. 중국이 아무리 엄청난 규모의 인구를 보유하고 국제무대에서 GDP 1위라는 지위를 갖고 있었어도, 중국은 광둥성에 있는 광저우 하나만을 개항하여 대외 무역을 했기 때문이죠. 그렇다면, 만날 청으로부터 막대한 양의 은을 지불하고 차Tea를 수입했던 영국의 시각에서 이 문제는 무엇을 의미할까요? 이는 만성적 무역 적자로 자국이 피해를 보니, 하루빨리 영국이 공행 제도를 없애고 청나라가 더 많은 항구를 열 수 있도록 유도해야 했음을 의미합니다. 그리고 놀랍게도 영국은 이 문제를 아주 색다른 방법으로 해결했습니다. 다름 아닌 아편 밀수출로 말입니다.

난징조약 제3조로 보는 영국의 야욕

국제 무역으로 흑자를 낼 수 있는 전제조건이 있습니다. 내가 생산하는 상품과 상대가 생산하는 상품 간의 수요가 비슷해서, 서로가 서로를 언제나 필요로 하는 환경을 조성하는 것입니다. 이러한 경제 원리를 대입했을 때, 영국에서는 청이 생산하는 차Tea에 대한 수요가 높았습니다. 그런데 문제가 있었습니다. 정작 청은 필요한 게 별로 없어서 영국으로부터 수입할 상품이 많지 않았다는 것입니다.

그럴 만도 합니다. 청의 인구와 경제를 생각해보세요. 18세기 초중반에도 청은 이미 인구가 1억 4천만 명이었고 심지어 19세기 초반에는 그 수가 3억 명을 돌파했습니다. 당연히, 이에 따른 GDP도 세계 1위였고요. 한 나라가 이 정도 인구와 경제력을 갖춘다는 것은 사실상 교역을 하지 않더라도 자급자족으로 먹고사는 데에 큰 문제가 없다는 것을 뜻합니다. 물론 예외도 존재하긴 합니다. 자국에서 생산되지 않는 특별한 물건을 타국이 생산한다면 말이죠. 그러나 당시 영국의 주요 수출품은 면제품이었습니다. 청은 이미 작물 재배와 함께 면, 제지, 제당 분야에서 압도적인 생산력을 갖추고 있었습니다. 이 말은 즉 영국이 무역으로 흑자를 내고 싶으면, 영국도 청이 필요로 할만한 물건을 팔아야 했다는 걸 의미합니다.

이때부터 영국의 동인도회사가 샅샅이 조사한 게 있습니

다. 그동안 청과 교역하면서 어떤 상품이 가장 인기가 있었는지를 찾는 것이었습니다. 사실 영국의 동인도회사는 이미 1781년부터 인도 벵골 지역에서 생산된 아편을 청나라에 수출했습니다. 당시의 아편은 고가의 진통제로 판매됐습니다. 그래서 이를 소비할 수 있던 건 오직 청의 상류층이었죠. 그런데 이와 더불어, 청나라는 이미 옹정제 시대부터 일반인이 아편을 소비하는 걸 금지했습니다. 아편은 중독성이 너무 강해서, 한 번 피우기 시작하면 끊기가 매우 힘들었기 때문입니다.

그러나 영국 동인도회사의 입장에서 봤을 때는, 이렇게 청의 상류층 즉 특정 고객만 소비하는 상품을 판매하는 건 단기적 차원에서 수지타산에 맞지 않았습니다. 특정 고객은 그만큼 수요가 한정돼 있다는 걸 의미하기 때문입니다. 바로 이 이유로, 영국은 하루라도 빨리 무역 적자 문제를 해결하기 위해 수요와 공급을 동시에 극대화할 수 있는 전략이 필요했습니다. 그리고 이 문제를 해결하기 위해 영국이 떠올렸던 대안이 있습니다. 단 한 번이라도 피우면, 또 피울 수밖에 없는 아주 강력한 아편을 개발하는 것이었습니다.

중독성이 강하면서도 값이 저렴했던 아편은 바로 1818년에 개발된 파트나Patna 아편입니다. 파트나는 인도의 지역 중 한 곳인데, 영국은 이곳에서 파트나 아편을 대량 제조하여 청나라로 밀수출했습니다. 그것도 청의 상류층이라는 특정 고객을 넘어서, 일반 대중이라는 다수의 고객층을 상대로 말이죠. 역사학자들은 아편전쟁이 발발하게 된 계기가 무역 적자라고 하지만, 저는 사실 아편전쟁의 직접적인 도화선은 바로 이 파트나 아편 개발이라고 생각합니다.

이 질문들을 살펴보시면 제 생각에 공감하실 것입니다. 과연 영국이 파트나 아편을 개발하지 않았다면, 그만큼 청 내에 아편 중독자의 수가 급증했을까요? 글쎄요. 그럼 이렇게 생각해보죠. 과연 아편 중독자의 수가 급증하지 않았다면, 청 황제가 이 문제를 국가적 문제로 여겼을까요? 글쎄요, 전 그러지 않았을 것 같습니다. 인구 3억 중에 소수만 아편 중독자라면, 그건 국가적 문제까지는 아니기 때문이죠. 그럼 이건 어떨까요? 과연 청 황제가 이를 국가적 문제로 여기지 않았다면, 황제가 임칙서라는 관료를 통해 아편을 전량 폐기했을까요? 아니요, 그렇게 하지 못합니다. 아무리 폐쇄적인 청이어도 타국의 자산은 함부로 건드리지 못하기 때문입니다. 그럼 마지막 질문입니다. 과연 임칙서가 아편을 전량 바다에 폐기하지 않았다면, 영국이 청을 상대로 군함을 몰고 와 전쟁을 일으켰을까요? 전 아니라고 봅니다. 다른 것도 아닌, 전쟁을 일으킬 때는 그에 합당한 명분이 확실해야 하기 때문입니다.

아니나 다를까, 영국은 청의 황제에 자신들이 전쟁을 일으킨 이유가 바로 임칙서의 무례한 행동 때문이라고 밝힙니다. 임칙서가 영국의 자산을 바다에 함부로 폐기했기 때문에, 이에 대한 보복으로 청을 공격했다고 말하며 말이죠. 그러면서 영국이 청과의 전쟁을 매듭짓기 위해 제시했던 조건 중 하나가 있었으니, 그것이 바로 홍콩 할양입니다.

청 황제에게 있어서 영토 할양은 나라의 일부를 잃는 것뿐 아니라 그간 조상들이 이뤘던 강건성세라는 역사적 유산을 자기 손으로 무너뜨리는 것과 마찬가지입니다. 그렇기 때문에 당시의 황제였던 도광제는 이렇게 말했습니다. "영국에 돈을 줄 수는 있어도 영토는 내어줄 수 없다." 영국은 아쉬울게 별로 없었습니다. 막상 전쟁을 해보니, 청나라가 별것 아니라는 것을 눈치챘기 때문이죠. 그렇게 협상은 결렬되고 전쟁은 지속되어, 결국 1842년 청은 불평등조약인 난징조약을 체결하게 되며 이로써 홍콩은 영국에 할양됩니다.

이것이 아편전쟁이 일어난 배경입니다. 그러나 우리는 여기서 한 발짝 더 나아가 이 질문을 해봤으면 좋겠습니다. "도대체 영국은 왜 난징조약에 제3조를 넣었을까?" 잊어버리셨을 수도 있으니, 제3조의 핵심을 다시 한번 말씀드리겠습니다. 제3조는 청이 영국에 홍콩을 할양하고, 홍콩은 영국의 법에 따라 통치돼야 함을 강조합니다.

저는 앞서 분명히 여러분께 이 질문도 보여드렸습니다. "무역을 하려면 지리적으로 안쪽에 있는 곳보다 공간이 넓게 열려 있는 바다 쪽이 낫지 않나?" 이 질문을 영국의 시점에서 다시 한번 읽어보시길 바랍니다. 영국의 시점이라면 이런 대답이 나와야 합니다. "광저우는 내륙 가까이에 있어서 배가 이

동하기 쉽지 않습니다. 그리고 그곳은 전술적으로도 한 번 들어가면 빠져나오기가 힘든 곳이죠. 장거리 무역을 위해서는 근거지가 필요합니다. 홍콩섬은 근거지로 활용하기에 아주 훌륭한 지리적 이점을 갖추고 있습니다. 영국이 홍콩을 갖게 되면, 영국은 큰 배를 갖고도 광저우, 아모이(샤먼), 푸저우, 닝보, 상하이로 쉽게 이동할 수 있습니다."

그렇습니다. 영국이 제3조에 따라 홍콩섬을 갖게 되면, 영국은 홍콩이라는 근거지에서 보급 물품을 채운 뒤 제2조에 나오는 나머지 항구들을 쉽게 들락날락할 수 있습니다. 이는 즉 난징조약의 제3조는 청나라가 제2조에 나오는 항구들을 무조건 개항할 수밖에 없도록 만든 법적 장치가 된다는 걸 의미합니다. 왜냐하면, 어떤 이유에서건 근거지를 갖게 되면 큰 배를 갖고 더 먼 바다로 나가기가 쉽기 때문입니다.

그런데 놀라운 점은, 난징조약의 제3조가 제5조를 이행시키는 법적 장치도 된다는 것입니다. 제3조에는 이런 문구가 있습니다. "홍콩섬은 영국의 법률에 따라 통치된다." 이것은 곧 무엇을 의미하겠는지요? 결국 영국은 청을 쥐락펴락하기 위해 청을 영국의 눈앞에 두겠다는 것을 의미합니다. 그리고 말씀드린 이 모든 일련의 과정을 표현하는 정치적 용어들이 있습니다. 그것은 바로 영토 상실, 주권 침해, 내정간섭, 불평등, 그리고 비평화적 공존입니다. 어딘지 모르게 친숙함이 느껴지는 단어들이죠? 오늘날 중국 외교정책의 기본방침인 '평화 5원칙'을 정확히 반대로 표현하면, 그것이 바로 중국이 겪은 굴욕입니다.

시작은 난징조약, 더 최악인 그 이후의 조약들

우리가 답하고자 했던 질문은 이것입니다. '조약은 왜 중요한가?' 이에 대한 제 답은 아주 단호합니다. 처음을 지키지 못하면, 그다음도 지키지 못한다는 것입니다. 조약은 양날의 검입니다. 조약에 어떤 순서로 법적 조항을 삽입하고, 어떤 단어와 문장을 쓰는지에 따라서 조약이 전략적으로 암시하는 미래의 역사가 보입니다.

난징조약은 청이 체결한 최초의 불평등조약입니다. 청은 이 조약으로 인해 홍콩을 영국에 뺏겼었고, 광저우를 포함한 다섯 개의 항구를 모두 개항하게 됐으며, 기타 등등의 배상금을 지불해야 했습니다. 국제관계에는 '최혜국대우Most Favored Nation Treatment'라는 원칙이 있습니다. 이 원칙은 한 국가가 다른 국가와 조약 혹은 협정을 체결할 때, 이미 상대 국가에 부여된 가장 유리한 대우와 지위를 제삼의 국가에도 똑같이 부여한다는 데에 의의를 둡니다. 그럼, 최혜국대우 원칙이 청나라에 갖는 의미는 무엇이겠는지요? 영국과 불평등조약을 체결했으니, 영국에게 부여된 가장 유리한 대우와 지위를 다른 나라, 예를 들면 미국, 프랑스, 러시아에도 똑같이 부여할 수 있었다는 것입니다.

실제로 청은 난징조약을 체결한 이후, 이에 대한 후속 조약으로 1843년 영국과 후먼조약을 체결했습니다. 영국이 후먼조약을 강요한 이유는 하나입니다. 난징조약의 몇몇 부분이 불명확하다는 이유를 들어, 청이 다른 나라와 새로운 조약을 체결할 경우 영국도 그에 합당한 최고의 조건을 부여받는다는 최혜국대우 원칙을 넣고 싶었기 때문입니다. 그런데 놀라운 것은, 바로 이 원칙 때문에 청은 그 이후로 또 다른 불평등조약들인 미국과의 왕샤조약 그리고 프랑스와 황푸조약을 체결했다는 것입니다. 어디 그뿐인가요? 제2차 아편전쟁이 일어난 이후에는 청이 영국, 프랑스, 미국, 러시아와 톈진조약을 체결했고, 심지어는 러시아와 베이징조약을 체결하면서 연해주까지 할양하는 치욕을 겪습니다. 그리고 그렇게, 청은 온갖 굴욕을 당하며 역사에서 사라지죠.

《손자병법》에는 이런 말이 있습니다. "싸우지 않고 이기는 것이 최고의 전략이다." 싸우지 않고, 피 흘리지 않고, 희생시키지 않고 이기기 위해서는 오직 하나만 기억하면 됩니다. 아예 처음부터 패배할 이유를 만들지 않는 것입니다. 처음부터 패배할 이유를 만들지 않으려면, 지피지기 백전불태의 마음으로 첫 수비벽을 잘 세워야 합니다. 첫 번째 벽을 뚫는 게 어렵지, 그 이후부터는 어렵지 않습니다. 그렇듯 우리의 벽도 처음만 뚫기 어렵지, 한 번 뚫리고 나면 원점으로 되돌아갈 수 없습니다. 그러니 지키고 또 지켜야 합니다. 견고한 우리의 첫 번째 수비벽을.

4장

국가란 국민입니다

17세기~20세기

Question 7

독립의 역할은 무엇인가?

힌트

"나라는 사람을 인정하는 최고의 방법"

- 이 질문은 남에게 의지하지 않고 자신의 길을 나아가는 것이 왜 중요한지 파악하는 데에 도움이 되는 질문입니다.
- 국가를 인정하는 데에 단계와 기준이 있듯이, 자아를 실현하는 데에 어떤 단계와 기준이 필요한지를 생각해보시면 좋습니다.

자아실현

미국의 독립혁명

국가를 인정하는 기준

국가란 무엇이라고 생각하시나요? 국제법에서는 국가를 형성하는 조건을 명시하는데, 국가를 형성하는 기초적 조건은 국민, 영토, 그리고 정부입니다. 그러나 몇몇 국제법 전문가들은 네 번째 요소도 갖춰야만 진정한 국가로서의 역할을 다할 수 있다고 주장합니다. 그것은 바로 독자적으로 다른 국가와 교섭을 할 수 있는 외교 교섭권입니다.

교섭권은 세계사의 흐름을 이해하는 데에 있어서 아주 중요한 역할을 맡습니다. 왜냐하면, 국가는 외교 교섭을 통해 수

교 즉 국가와 국가 간 관계를 맺음으로써 '대표성'을 확보하기 때문입니다. 예를 들어보죠. 혹시 이 이름들을 들어보셨나요? 남오세티야, 북키프로스, 사하라 아랍민주공화국, 압하지야, 대만, 코소보, 팔레스타인, 소말릴란드, 트란스니스트리아.

아마도 이 중에서 대만, 팔레스타인은 언론을 통해 익히 들어보셨을 것 같습니다만, 나머지는 생소하게 느끼실 수 있을 것 같습니다. 사실 이들은 몇몇을 제외하고는 국제관계학을 전공하는 사람들에게도 생소합니다. 어떤 시점을 취하는지에 따라서 몇몇은 국가이면서도, 국가가 아닌 것으로 간주되기 때문입니다.

국가는 독립 국가로서의 지위를 인정받고, 인정받지 않는 것에 따라서 국가를 지킬 수 있는 역량을 달리할 수 있습니다. 그런데 놀라운 사실은, 21세기의 초강대국인 미국도 한때는 누군가의 식민지로서 독립 국가가 되려고 고군분투했다는 것입니다.

이상적 사회를 꿈꿨던 미국 식민지인들의 조상

헌법은 각 나라가 탄생한 배경 그리고 각 나라가 가장 중요하게 생각하는 목표를 알려주는 아주 훌륭한 간접 지표입니다. 그런 점에서 1787년에 제정된 미국 헌법의 전문을 한번 살펴보겠습니다.

우리 합중국 국민은 좀 더 완벽한 연방을 형성하고, 정의를 확립하며, 국내의 안녕을 보장하고, 공동방위를 도모하고, 국민복지를 증진하고 우리와 우리의 후손들을 위한 자유와 축복을 확보할 목적으로 이 미합중국 헌법을 제정한다.

다른 나라의 헌법들과 비교했을 때, 여기서 우리가 좀 특이하다고 느껴야 할 단어는 바로 '축복'입니다. 축복은 행복과는 다르게 종교적인 색, 특히 기독교적 색이 묻어나는 단어입니다. 그런데 이런 단어를 다른 데도 아닌 헌법에 쓴다는 것은, 그만큼 미국의 역사가 기독교와 연관성이 깊다는 것을 의미합니다.

미국은 이민자가 건국한 나라입니다. 한 가지 특이점은, 이 이민자들의 대다수가 영국 출신이라는 것입니다. 당시의 영국 출신 식민지인은 크게 두 부류로 나뉘었습니다. 하나는 경제적 이익을 창출하고 싶어서 1607년 미국 버지니아에 제임스타운을 세웠던 식민지인이고, 다른 하나는 종교의 자유를 만끽하기 위해 1620년 미국 매사추세츠에 정착했던 청교도Puritans입니다.

청교도는 한자로 맑을 청淸, 가르칠 교敎, 그리고 무리 도徒인데, 이들은 영국의 국교회인 성공회와 대립하여 생겨난 개

신교의 교파 중 하나입니다. "짐은 국가와 결혼했다."라는 명언을 남긴 엘리자베스 1세가 1603년 서거하자 영국은 스코틀랜드의 제임스 6세를 잉글랜드의 제임스 1세로 즉위시키며 새로운 왕을 맞이했습니다. 제임스 1세가 이뤘던 업적 중 우리 모두가 알만한 업적이 몇 가지 있는데, 그중 첫 번째는 바로 영국이 미국 내 첫 번째 식민지로 세웠던 제임스타운Jamestown입니다. 제임스타운은 영국이 1607년 제임스 1세의 이름을 따서 건설한 식민지인데, 이 식민지는 미국 남부의 버지니아주에 있습니다. 혹시 디즈니 애니메이션《포카혼타스》를 본 적 있으신가요? 바로 그 애니메이션의 배경이 제임스타운입니다.

제임스타운은 1616년부터 1699년까지 미국 내 영국 식민지의 수도 역할을 맡았을 정도로 영국에 있어서는 매우 중요한 경제적 요충지였습니다. 그래서였을까요? 당시 1620년 종교적 자유를 찾기 위해 메이플라워Mayflower호를 타고 미국으로 이민을 온 청교도들 또한 처음에는 미국 북부의 매사추세츠주가 아닌, 제임스타운이 있는 버지니아주로 오려고 했습니다. 그러나 이들은 버지니아로 향하던 도중 큰 폭풍을 만나, 어쩔 수 없이 파도에 이끌려 춥디추운 매사추세츠에 도달하게 됐죠.

미국으로 이주한 청교도들에 대해 설명할 때는 꼭 이 부분도 함께 설명해야 하는데, 그것은 바로 청교도들이 종교적 자유는 원했으나 그렇다고 해서 영국의 왕인 제임스 1세를 싫어하지는 않았다는 것입니다. 사실 당시의 제임스 1세는 왕권신수설 즉 왕의 권력은 신으로부터 부임 받은 것이고 신민은 왕에 절대복종해야 한다고 주장했습니다. 그 이유로 그는 절대왕정 통치에 유리한 영국의 국교회인 성공회를 강력히 지지했습니다. 그러나 청교도는 제임스 1세가 왕권신수설을 찬양하는 걸 보며 이런 반응을 보였습니다. "왕권, 좋죠. 물론 왕권은 존중합니다만, 왕권은 오직 주님의 법 아래에서만 존재할 수 있습니다."

왕권은 존중하는데 이는 오직 창조주의 법 아래에서만 존재할 수 있다는 말은, 왕을 존경하긴 하지만 왕도 결국 인간에 불과하니 신 앞에서는 모두가 겸손하고 청렴해야 한다는 의미를 담습니다. 왕이 아닌 사람들은 이 말을 듣고 크게 위협적이라고 느끼지 않을 것입니다. 그러나 왕권신수설의 신봉자였던 제임스 1세와 영국의 왕실은 달랐습니다. 청교도의 이런 급진적 발언은 절대 왕정에 가하는 명백한 위협이었기 때문입니다. 바로 이 이유로, 청교도는 성공회가 주를 이루는 영국에서 더 이상 자신들이 생각하는 이상적인 사회를 건설하기가 어렵다고 판단했습니다. 그리고 그 누구의 간섭도 받지 않고 신앙생활을 지속하기 위해, 이들은 신대륙을 제2의 터전으로 삼고 그렇게 영국을 떠났던 것입니다.

의지할 곳이 사라진 사람들의 안전 욕구와 사회적 욕구

심리학자 에이브러햄 매슬로우의 '욕구 단계 이론'에 의하면 인간에게는 총 5단계의 욕구가 있는데, 이는 생리적 욕구, 안전의 욕구, 사회적 욕구, 존중의 욕구, 그리고 자아실현의 욕구로 나뉩니다. 따라서 인간의 욕구는 하위단계인 생리적 욕구부터 시작하여 상위단계인 자아실현의 욕구까지 계층적으로 배열되는데, 중요한 점은 하위단계의 욕구가 충족되어야만 상위단계의 욕구도 충족될 수 있다는 것입니다.

사람에게 있어서 소속감은 사회적 욕구에 해당합니다. 소속감은 어떤 특정 집단이나 조직에 속해있는 것만으로도 안정감을 줍니다. 별것 아니라고 생각하실 수도 있으나, '국가'는 특정 집단이나 조직 중에서도 가장 규모가 큽니다. 그렇기 때문에, 자신에게 돌아갈 '국가'가 있다는 것은 심리적으로 매우 큰 안정감을 줍니다. 영국을 떠나 미국으로 이주를 왔던 이민자들도 똑같았습니다. 그들은 비록 개개인마다의 이유로 고향을 떠났지만, 마음만큼은 뼛속 깊이 '영국인'이라는 사실을 잊지 않았습니다. 이는 마치 해외에 나가면, 태극기를 보며 더 애국자가 되는 것과 똑같은 양상이죠.

왕권신수설을 신봉했던 제임스 1세는 왕실 사이에서는 큰 권력을 유지할 수 있었습니다. 그러나 왕의 지나친 힘을 견제해야 했던 영국 의회의 입장에서는 제임스 1세가 자칫 잘못하면 폭군이 될 수도 있다는 점을 우려했습니다. 그래서 제임스 1세는 이러한 의회의 견제 세력을 사전에 제거하고자 의회를 해산시켰습니다. 그리고 제임스 1세의 아들이었던 찰스 1세가 왕으로 즉위했을 때는, 그 또한 그의 아버지처럼 왕권신수설을 신봉했고 의회를 소집했다 해산시키기를 반복했죠. 그러나 이러한 정치적 불안정을 가만히 볼 수만은 없었던 올리버 크롬웰은 1642년부터 1651년까지 청교도 혁명을 일으켜 찰스 1세를 처형시켰고 공화정을 수립했습니다. 물론, 크롬웰이 수립한 공화정도 나중에는 그 힘을 잃어, 영국은 다시 왕정복고를 통해 찰스 1세의 장남인 찰스 2세를 1660년 왕으로 즉위시켰습니다.

이러한 일련의 과정에서 보시는 것처럼, 영국은 1600년대에 대내적으로 엄청난 정치적 변화를 겪었습니다. 만약, 여러분께 투표권이 없다고 가정해보겠습니다. 그럼 투표권도 없는 상황에서 지금 내가 사는 나라의 정치가 불안정하고 리더십이 못마땅하다면, 여러분께서는 어떤 생각을 하시겠는지요? 민주정치여서 투표권이라도 있고 참정권이 있으면, 그때는 힘을 모아 대통령을 탄핵하거나 반대 정당에 힘을 실어줘서 여당을 견제하면 됩니다. 그런데 당시에는 참정권도 없고 오로지 왕족이나 소수의 귀족만이 권력을 잡을 수 있었습니다. 이는 한마디로 나라가 바뀔 확률이 현저히 낮다는 걸 의미합니다. 소시민이 이럴 때 선택할 수 있는 대안은 거의 유일합니다. 절이 싫으면 중이 절을 떠나야 하듯, 일반 시민들도 자기 나라가 살기 힘들면 다른 곳으로 떠나야 했습니다.

그런 의미에서 영국의 정치가 불안정할 때 나타난 몇 가지 상황을 예시로 보여드리겠습니다. 앞에서 1607년 미국 버지니아에 영국의 첫 번째 미국 식민지인 제임스타운이 세워졌다는 것을 말씀드렸습니다. 그 이후에는 1620년에 청교도들이 종교의 자유를 찾고자 미국 매사추세츠에 정착했습니다. 그리고 매사추세츠에 정착한 선배 청교도들이 역경을 이겨낸 것을 보며 1629년에는 더 많은 청교도들이 이곳에 정착했습니다. 이로써 영국은 1629년 매사추세츠 식민지를 조성하게 됩니다. 이주의 끝은 여기서 끝나지 않습니다. 그 이후에는 순차적으로 다음의 식민지들이 건설됩니다. 1629년 뉴햄프셔 식민지, 1632년 메릴랜드 식민지, 1636년 코네티컷과 로드아일랜드 식민지, 1664년 뉴욕과 뉴저지 그리고 델라웨어 식민지, 1681년 펜실베이니아 식민지, 1729년 노스캐롤라이나와 사우스캐롤라이나 식민지, 그리고 마지막으로 1732년 조지아 식민지.

영국은 1600년부터 1700년대까지 미국 내 총 13개의 식민지를 세웠습니다. 그럼 도대체 왜 이렇게 영국에서는 미국으로의 이주가 활발했던 것일까요? 여러 이유가 있지만, 특히 영국인들은 정치 · 경제적 이유로 이주를 했습니다. 당시 영국 내 정치는 불안정했습니다. 정치가 불안정하면 행정 운영과 정책 수립에 차질이 생기고, 자본을 가진 자들은 자본을 활용해 자신만의 시스템을 구축할 수 있습니다. 정치가 불안정할 때 자본가들은 시스템 구축을 통해 생계를 유지하기 때문에 생존에 있어서 큰 문제를 겪지 않습니다. 그러나 소시민들은 다릅니다. 그들은 생계 수단 자체를 잃기 때문입니다. 그 예 중 하나가 바로 인클로저 운동Enclosure Movement입니다. 신대륙을 발견하기 전까지 영국의 초지는 땅 주인이 있다고 하더라도 마을 공동체의 공유지로 활용됐습니다. 그런데 신대륙이 발견된 이후에는 양모 수출의 인기가 급증하자, 초지의 주인이었던 지주들이 다시 초지를 독점하며 울타리를 치고 양을 키우기 시작했습니다.

영어로 울타리를 친다는 단어는 인클로저Enclosure인데, 바로 이 인클로저 운동 때문에 일반 소시민들은 갈 곳을 잃고 "그래, 여기보단 그래도 새로운 땅이 낫지 않겠어? 새로운 땅에서 다시 시작해보자, 영국인으로서!"라는 생각과 함께 영국을 떠났던 것입니다. 이것이 바로 매슬로우가 말하는 안전 욕구와 사회적 욕구입니다. 인간은 자신을 보호해 주는 존재를 만날 때 안정감을 느낍니다. 그런데 당시 영국의 일반 소시민들은 어땠을까요? 매슬로우의 욕구 이론으로만 따지자면, 이들에게는 안정감이 별로 없었습니다. 존경하긴 하지만, 그렇게까지 목숨 걸고 믿고 의지할 리더와 사회적 안전장치가 탄탄하지 않았기 때문입니다. 그런데 여기에 더해서 사회적 욕구는 어땠나요? 이들은 영국을 떠나 이름도 없는 신대륙에 정착했기 때문에 더더욱 영국이라는 소속감이 필요했습니다. 그래서 이들은 "나는 신대륙에 사는 식민지인이지만, 그래도 영국인이야."라고 외치며 식민지 개척 활동에 더 전념할 수 있었습니다.

식민지인이 아닌, 영국인으로서 갖는 존중 욕구

매슬로우의 욕구 5단계 이론에 따르면 존중 욕구는 생리적 욕구, 안전 욕구, 사회적 욕구가 충족된 이후에 느낄 수 있는 욕구입니다. 존중 욕구는 '존중'이라는 단어에서 느껴지는 것처럼, 자신이 어떤 마음가짐이나 행동을 취했는지에 따라 그에 합당한 인정을 받거나 지위를 갖고 싶어 할 때 나타납니다. 이 욕구를 신대륙으로 이주했던 영국인들에 대입해보자면, 이들은 활발한 식민지 개척 활동을 통해 영국에 막대한 경제적 이익을 가져다주었고 이를 통해 자국, 특히 자국의 왕으로부터 자랑스러운 영국인이라는 인정을 받고 싶었습니다.

실제로 영국이 미국의 13개 식민지를 통해 얻었던 경제적 수익은 막대합니다. 경제 정책 중에는 중상주의 정책이라는 것이 있습니다. 중상주의 정책을 시행하게 되면, 자국에 들어오는 수입은 적지만 타국으로 흘러가는 수출은 증가하기 때문에, 이에 따른 무역의 차액으로 국부를 늘릴 수 있습니다. 하지만 억압적인 경제 정책에는 큰 부작용도 따릅니다. 경제적 제재가 강하면 강할수록 그에 맞는 정치적 보상도 챙겨줘야 하는데, 이 둘 사이의 균형을 잃으면 어느 한쪽에서 반발심을 드러내기 때문이죠.

미국의 경우에는 영국의 중상주의 정책으로 미국 내에서 생산되는 물품을 영국으로 수출할 수밖에 없었고, 영국은 이를 값싸게 얻을 수 있었습니다. 그러나 이와는 반대로, 미국은 자기네 마음대로 무역을 할 수 없었습니다. 그뿐만 아닙니다. 영국은 항해법Navigation Acts이라는 법도 제정하여 식민지인들이 무역을 할 때 오로지 영국의 배만 이용하고 모든 물건은 영국을 거치게 하도록 규정했습니다. 이러한 엄격한 규제에도 불구하고 미국에 정착했던 식민지인들은 영국과 영국의 왕을 존중했습니다. 이런 말도 안 되는 정책은 국왕의 잘못이 아니라, 영국의 불안정한 정치로 야기된 여러 문제를 해결하기 위해 국왕이 선택할 수밖에 없었던 수단이라고 여겼기 때문이죠.

특히 영국의 왕으로 1760년 조지 3세가 즉위했을 때, 영국 출신의 미국 식민지인들은 매우 기뻐했습니다. 이제 드디어 영국에서 태어났으면서도 영어를 유창하게 구사하는 '진짜' 리더가 왕으로 즉위했기 때문입니다. 그간 1714년부터 1760년까지 영국의 왕이었던 조지 1세와 조지 2세는 영국 하노버 왕조의 국왕들로서, 이들은 하노버 출신답게 독일어와 독일의 정세에는 밝았지만 정작 영어와 영국 정세에는 밝지 않았습니다. 특히 영국이 1756년부터 1763년까지 이어진 7년 전쟁에 개입했던 이유도 바로 영국의 왕들이 하노버 독일 출신이었기 때문입니다.

7년 전쟁은 간단히 설명하자면, 오스트리아가 프로이센에게 빼앗겼던 슐레지엔이라는 영토를 되찾고자 일으킨 전쟁입니다. 프로이센은 독일 북부에 있던 왕국입니다. 당시 프로이센은 영국과 동맹을 맺었고 오스트리아는 프랑스, 러시아와 동맹을 맺음으로써 약 7년간 전쟁을 이어갔습니다. 흥미로운 점은, 이 전쟁이 유럽 본토뿐 아니라 신대륙인 미국에서도 일어났다는 것입니다. 그리고 그 이유로, 미국 내 영국 출신의 식민지인들은 신대륙에서 영국을 지키기 위해 전쟁에 나섰고, 프랑스 출신의 식민지인들은 프랑스를 지키기 위해 싸웠죠.

미국 내에서 프랑스 출신 식민지인들은 인디언 원주민들과 힘을 합쳐 영국 출신 식민지인들을 상대로 싸웠습니다. 우리 모두가 아는 미국의 초대 대통령인 조지 워싱턴도 당시 버지니아 민병대의 일원으로서 7년 전쟁에 참전했습니다. 이처럼 7년 전쟁에는 영국 본토에서 보낸 정규군뿐만이 아니라 식민지인들로 구성된 민병대도 참전했습니다. 그럼, 이건 무엇을 의미하겠는지요? 맞습니다. 영국을 위해 똑같이 피 흘리고 싸웠으니, 식민지인들도 그에 합당한 자랑스러운 영국인이라는 것을 알아달라는 것입니다.

일그러진 희망, 타오르는 분노와 배신

7년 전쟁의 승자는 영국이었습니다. 그러나 승리의 기쁨도 잠시, 미국 내 식민지인들을 기다리고 있던 것은 다름 아닌 세금 폭탄이었죠. 영국은 7년 전쟁을 치르는 동안 너무나 많은 혈세를 쏟아부었기 때문에, 국가 채무가 주체할 수 없이 늘어났던 상태였습니다. 본래 이런 경우 대부분의 국가는 국가가 자체적으로 새로운 정책을 마련하여 텅 빈 국고를 다시 채웁니다. 그러나 영국의 조지 3세는 조금 달랐습니다. 그는 영국을 위해 경제적으로 그리고 정치적으로 헌신했던 식민지인에 더 막대한 세금을 부과하여 세수를 통한 국부 창출을 도모했기 때문입니다.

이 지점에서 전략적으로 생각하는 시간을 가져보겠습니다. 조지 3세는 왜 식민지에 세금을 부과하여 세수를 늘리려고 했을까요? 간단히 생각해보죠. 조지 3세가 식민지에서는 모르겠지만, 본국에서만큼은 체면을 살려야 했기 때문입니다. 우선 미국 내 영국 출신 식민지인들은 그동안 제대로 된 왕을 본 적이 없었습니다. 물론, 이들도 영국과 영국의 왕을 존중하긴 했습니다. 그렇기 때문에 이들도 본국과 본국의 왕으로부터 자랑스러운 영국인으로서의 명예를 얻고 싶어 했습니다. 그런데 때마침 드디어 영국에서 태어나고 영어도 하는 군주가 탄생했네요? 식민지인들에게 있어서 조지 3세는 새로운 희망으로 등극했던 것입니다. 7년 전쟁에 민병대로서 참전도 하고 중상주의 정책으로 영국을 먹여 살렸던 식민지인인데, 이제야 좀 식민지인들을 위해 제대로 된 정책을 수립하는 지도자가 나타났다는 생각이 들었기 때문입니다.

그런데 식민지인들의 입장을 조지 3세의 측면에서 살펴보면, 조지 3세는 이런 생각을 할 수도 있습니다. "그렇다. 그대들이 말한 것처럼, 그간 내 선조들은 하노버 왕조라는 이유로 영국 본국민들로부터 큰 신임을 얻지 못했다. 짐은 이렇게 기쁘면서도 어려운 시기에 더 이상 본국민들의 신임을 잃을 수는 없다. 짐과 영국은 이미 그대들에게 아주 오래전부터 자유를 허락했다. 떠난 것은 그대들이고, 자유는 인간이 누릴 수 있는 가장 값비싼 것이다. 그러니, 그대들도 그에 맞는 보답을 해야 하지 않겠는가?"

솔직히 왕이 이렇게 말하면 국민은 할 말이 없습니다. 결국 이 말은 "그러니, 네가 좀 참아라."라는 메시지와 다름이 없기 때문입니다. 식민지인들은 어쨌든 본국이 아닌 신대륙으로 이주를 했던 사람들이기 때문에, 본국이 특정 정책을 시행하더라도 따로 불만을 표출할 방법은 크게 없었습니다. 영국 상품 불매운동인 보이콧 정도를 제외하고는 말이죠. 그뿐만이 아닙니다. 아무리 본국이 강경한 정책을 펼친다고 해도, 식민지인들은 자신을 끝까지 영국인이라고 생각했지, 영국으로부터 독립해야 할 주체로는 보지 않았습니다. 그러나 이러한 식민지인들의 불편한 감정을 아랑곳하지 않고, 영국은 1764년 설탕법, 1765년 인지세법, 1767년 타운젠드Townshend Acts법을 제정하며 식민지인들이 수입하는 모든 수입품에 관세를 부과했습니다.

사실 인지세법과 타운젠드법은 거의 모든 물품에 관세를 부과하는 것이었기 때문에, 이 법들은 영국의 입장에서 봤을 때도 좀 도가 지나치다는 의견이 있었습니다. 그래서 결국 시간이 흘러 인지세법과 타운젠드법은 철폐됩니다. 그러나 차Tea만큼은 영국이 포기할 수 없었습니다. 차는 영국의 왕실뿐 아니라 영국의 동인도회사 그리고 영국의 상류층과도 연계된 중요한 상품이기 때문에, 영국 정부도 차만큼은 과세를 면할 수 없었기 때문입니다.

특히나 본국 내에서 자신의 입지를 공고히 하고 국민들로부터 신임을 얻고 싶던 조지 3세는 이 부분에 대해서만큼은 양보하지 않았습니다. 그러나 1773년 미국 보스턴에서는 영국 정부가 끝까지 밀어붙였던 차 관세법 때문에, 결국 일이 터지고 맙니다. '자유의 아들들'로 불리는 급진파 시민 조직이 영국 동인도회사의 선박에 실려 있던 300여 개의 차 상자를 바다에 버리며, 그 유명한 '보스턴 차 사건'이 일어났기 때문입니다. 그리고 영국과 미국은 이 사건을 계기로, 독립전쟁의 도화선에 불을 붙이게 되죠.

그렇게 해서 탄생한 것이 바로 1774년에 이루어진 미국의 제1차 대륙회의, 1775년에 이루어진 제2차 대륙회의, 그리고 1776년 7월 4일 발표된 미국의 독립 선언서입니다. 미국의 독립 선언서의 전문은 자유, 평등, 행복 추구권 등등을 명시함으로써 독립이 추구하는 핵심 가치들을 천명합니다. 그러나, 저는 미국 독립 선언서의 묘미는 선언서의 전문이 아니라, 오히려 선언서의 가장 중간이 되는 본문이라고 생각합니다. 이 부분에 미국 식민지인들이 영국의 왕에 느꼈던 분노와 배신감이 아주 적나라하게 드러나기 때문입니다.

> 인류의 역사에서 한 민족이 다른 민족과의 정치적 결합을 해체하고, 세계의 여러 나라 사이에서 자연법과 자연의 신의 법이 부여한 독립, 평등의 지위를 차지하는 것이 필요하게 되었을 때 우리는 인류의 신념에 대해 엄정하게 고려해 보면서 독립을 요청하는 여러 원인을 선언할 수밖에 없게 됐다.
>
> (생략)
>
> 국왕은 (생략) 하지 않았다.
> 국왕은 (생략) 없다고 했다.

국왕은 (생략) 거절했다.

국왕은 (생략) 해산했다.

국왕은 (생략) 반대했다.

국왕은 (생략) 포기했다.

국왕은 (생략) 생명을 빼앗았다.

국왕은 (생략) 죽기를 강요했다.

(생략)

우리는 이에 우리의 생명과 재산과 신성한 명예를 걸고 신의 가호를 굳게 믿으면서 이 선언을 지지할 것을 서로 굳게 맹세하는 바이다.

내 욕구는 내가 충족하고, 내 자아도 내가 실현한다

사실 미국 독립 선언서에 등장하는 '국왕은~'이라는 문장은 지금 제가 적어드린 것보다 훨씬 더 많이 등장합니다. 그러나 앞서 보여드린 내용을 토대로 파악하신 것처럼, 식민지인들은 '국왕'에 대한 신뢰를 잃었기 때문에 독립을 주장한다고 강조합니다. 식민지인들은 자신들이 그렇게 바라던 자유와 평등 그리고 행복 추구권을 국왕이 이뤄주길 기대했습니다.

그러나 그들은 깨닫습니다. 막상 이 가치들은 자신들의 손으로 직접 쟁취해야만 했다는 걸 말이죠. 그러니 선언서의 끝머리에 "우리는 이에 우리의 생명과 재산과 신성한 명예를 걸고 신의 가호를 굳게 믿으면서 이 선언을 지지할 것을 서로 굳게 맹세하는 바이다."라고 고백하지 않았을까요?

미국은 1776년 독립 선언서를 공표했지만, 막상 미국이 공식적으로 독립 국가로 인정받은 것은 1783년 파리조약Treaty of Paris을 체결하고 난 이후부터입니다. 이 과정에서 미국은 영국과 치열한 전쟁을 치렀고, 이때 영국은 미국의 저력을 인정하며 독립을 승인해줍니다. '독립의 역할은 무엇인가?'라는 질문을 미국의 독립 과정을 통해 답해보자면, 독립은 결국 자기 스스로 자신의 자아를 실현하는 것입니다. 경제적 이익을 추구하기 위해 미국 버지니아에 제임스타운을 세웠던 이주민들. 종교적 자유를 위해 매사추세츠에 정착했던 청교도들. 새로운 삶을 살고자 영국을 떠났던 모든 이주민들. 이들은 이미 각자가 갖고 있던 이상향을 이루기 위해 목숨 걸고 모험을 했던 것입니다.

이상향 즉 자아를 실현하기 위해서는 모든 것들로부터 독립해야 합니다. 성인이 되기 전 혹은 가정을 이루기 전에는 가족과 함께 살 듯이, 성장기에는 나를 보호해 주는 존재에 의지할 수 있습니다. 그러나 진정 나만의 길을 걷고 싶다는 마음이 들 때는, 기존의 것들과 연을 끊는다는 마음을 먹고 생명, 재산, 명예를 모두 걸며 앞만 보고 나가야 합니다. 그래야 그 끝에 "네가 이겼다."라는 말과 함께 진정한 독립적 주체로 인정받을 수 있습니다.

국가를 인정하는 기준에는 영토, 국민, 정부, 그리고 외교 교섭권이 있다는 점을 말씀드렸습니다. 이들의 공통점은 하나입니다. '대표성'입니다. 내가 서 있는 자리, 나라는 사람, 나라는 사람의 목소리, 그리고 나라는 사람의 대표성을 인정받으면, 여러분의 능력은 국가가 발휘하는 능력과 큰 차이가 없을 것입니다. 그러니 다른 사람에 기대지 않고 오로지 본인을 믿고 나아가보세요. 여러분의 욕구는 오직 여러분만이 충족할 수 있고, 여러분의 자아도 여러분만이 실현할 수 있습니다. 물론, 독립적 주체로서요.

Question 8

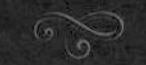

분리주의 운동의 영향은 무엇인가?

힌트

"국가가 국민이라면, 국민도 국가여야 합니다."

- 이 질문은 정체성이라는 개인적 요소가 정치와 세상의 흐름을 어떻게 바꾸는지 탐색하는 데에 도움이 되는 질문입니다.
- 힘의 대립 관계에서는 언제나 '다수' 그리고 '소수'가 등장합니다. 정치가 다수와 소수 간의 역학 관계를 어떻게 다루는지 살펴보시길 추천해드립니다.

정체성

인도와 파키스탄

지금 아니면 결코, 살 것인가 혹은 죽을 것인가?

살면서 가장 좋아하는 것이 몇 가지 있는데, 그중 하나가 어원을 공부하는 것입니다. 어원을 공부하면 몇 가지 좋은 점이 있습니다. 그중 하나는 바로 세상의 흐름을 남들보다 좀 더 빨리 읽을 수 있다는 것입니다. 혹시 중앙아시아 국가들과 몇몇 남아시아 국가들의 공통점이 뭐라고 생각하시는지요? 참 신기하게도 이들의 이름은 하나같이 모두 '-스탄stan'으로 끝납니다. 우리가 잘 아는 카자흐스탄Kazakhstan은 카자크족의 '땅'을 의미하고 우즈베키스탄Uzbekistan은 우즈벡족의 '땅'을 의미합니다.

'스탄'은 페르시아어와 우르두어로 '땅' 혹은 '나라'를 뜻합니다. 페르시아어는 이란, 아프가니스탄, 타지키스탄에서 쓰이는 언어이고, 우르두어는 파키스탄과 인도의 일부 지역에서 사용되는 공용어입니다. 과거서부터 중앙아시아 지역과 남아시아 지역의 일부는 무굴제국 즉 이슬람권의 영향력 아래 있었습니다. 그래서일까요? 대부분의 '스탄' 국가들은 아랍어를 쓰지는 않지만, 이슬람 국가가 많습니다.

우리가 아는 '스탄' 국가에는 파키스탄도 있습니다. 그런데 파키스탄은 다른 '스탄'들과는 좀 다릅니다. 대부분의 '스탄'이 그 지역에 사는 대표 민족의 이름을 접두사로 넣는 반면, 파키스탄은 특이하게도 인더스강 유역의 5개 지역인 펀자브Punjab의 P, 아프간Afghan의 A, 카슈미르Kashmir의 K, 신드Sindh의 S, 그리고 발루치스탄Baluchistan의 Stan을 따서 국명을 만들었기 때문입니다. (참고로 Pakistan의 알파벳 i는 발음을 쉽게 하기 위해 넣은 것으로 알려져 있고, Pak는 우르두어로 '순수'를 의미합니다)

파키스탄이란 이름은《지금 아니면 결코 : 우리는 살 것인가? 아니면 영원히 죽을 것인가?Now or Never : Are We to Live or Perish Forever?》라는 팸플릿에 처음으로 등장합니다. 이 팸플릿을 제작한 사람은 초우드리 라흐마트 알리Chaudry Rahmat Ali라는 무슬림계 인도인인데, 그는 1933년 영국 케임브리지Cambridge 대학교 법학과에 재학 중일 때 이 팸플릿을 제작했습니다. 팸플릿의 골자는 다음과 같습니다. 그것은 바로 인도제국 내 펀자브, 아프간, 카슈미르, 신드, 그리고 발루치스탄에 사는 이슬람교도들이 자신만의 헌법을 만들고 이를 바탕으로 파키스탄이라는 하나의 독립국을 만들어야 한다는 것입니다.

파키스탄은 본래 1858년부터 1947년까지 영국령 인도제국에 속했습니다. 그러나 1947년 8월 15일, 인도와 파키스탄은 '인도 독립법'에 의해 별도의 국가로 선언되며 독립 국가로서의 행보를 보이기 시작합니다. 그런데 파키스탄에는 한 가지 특징이 있습니다. 1947년 제정된 '인도 독립법'에 의해 8월 15일 독립국으로 선언됐음에도 불구하고, 파키스탄은 정작 8월 15일이 아닌 8월 14일 파키스탄의 독립을 기념한다는 것입니다. 참 아이러니합니다. 같은 영국령 인도제국 출신 국가인데 왜 파키스탄은 8월 14일에 독립을 기념하는 것일까요? 여러 가설이 있지만, 그 가설들에는 공통점이 있습니다. 그것은 바로 인도와 파키스탄은 아예 정체성부터가 달라서, 파키스탄은 어떻게 해서든 인도와 차별점을 두고 싶다는 것입니다.

직접 통치와 간접 통치

지금의 미국이 그러하듯 과거의 영국은 엮이지 않는 곳이 없었습니다. 즉, 18세기부터 20세기의 세계사를 논함에 있어서 영국은 떼려야 뗄 수가 없는 국가입니다. 21세기의 초강대국이 미국이라면, 과거의 초강대국은 영국이었기 때문이죠. 괜히 역사학자들이 영국에 '해가 지지 않는 나라'라는 타이틀을 부여한 것이 아닙니다. 당시에는 전 세계 어디를 가도 영국의 흔적을 찾아볼 수 있었기 때문입니다.

영국은 여러 식민지를 갖고 있었지만, 영국에게 있어서 인도가 갖는 전략적 함의는 매우 컸습니다. 인도는 영국에 경제적 이익뿐 아니라 국제무대에서 펼칠 수 있는 정치적 영향력도 제공했기 때문입니다. 사실 영국이 인도제국을 통치하는 방법에는 두 가지 방법이 있었습니다. 그것은 다름 아닌 직접 통치와 간접 통치입니다.

1858년부터 1947년까지의 영국령 인도제국을 '브리티시 라지British Raj'라고 부릅니다. 힌두어로 '라지Raj'는 왕국 혹은 제국을 의미합니다. 그런데 '라지'라는 근엄한 이름에서도 느껴지듯, 인도는 영토의 크기, 인구, 인종, 언어, 계급의 종류가 매우 다양했기에 영국 정부 혼자서 인도제국을 감당하기에는 여력이 부족했습니다. 그리하여 영국 정부가 생각해낸 정책이 있었으니, 그것은 그 유명한 분열 정책Divide and Rule Policy입니다.

분열 정책은 교묘하면서도 매우 잔인한 정책입니다. 이 정책의 시사점은 두 가지입니다. 하나는 범주를 나눠서 통치하는 것이고, 다른 하나는 사람을 분열시켜서 통치하는 것입니다. 사실 저는 정책 중에서 분열 정책을 가장 저평가합니다. 두 가지 이유 때문인데요. 첫 번째 이유는 분열 정책을 편다는 것 자체가 통치자의 무관심을 의미하기 때문입니다. 진심으로 아낀다면, 왜 분열시키겠는지요? 그뿐만이 아닙니다. 제가 분열 정책을 저평가하고 지양하는 두 번째 이유는, 이 정책은 근본적으로 서로가 서로를 의심하고 적대시할 수밖에 없도록 만들기 때문입니다. 그런데 아이러니하게도 식민통치자의 측면에서 보면, 분열 정책은 식민지를 자기 마음대로 조종하는 데에 매우 큰 효과를 발휘합니다. 통치자가 분열 정책을 통해 보상과 견제를 적재적소에 활용하여, 식민지인 간의 경계심을 극대화할 수 있기 때문입니다.

우선 분열 정책의 보상 부분에 대해 먼저 살펴보도록 하겠습니다. 토후국 혹은 번왕국Princely State이라고 들어본 적 있으신가요? 우리가 잘 아는 '아랍에미리트'라는 국가도 7개의 토후국으로 구성된 국가입니다. 아랍어로 '에미르Emir'는 토후입니다. '토호土豪'는 본래 지방에서 큰 힘을 가진 사람을 의미합니다. 그러나 이슬람 문화권에서는 이를 '토후土侯'라고도 표현합니다.

'토후'의 의미를 알았으니, 이제는 이 의미를 인도제국에 대입해보겠습니다. 인도는 아주 오래전부터 수많은 토후국으로 이루어져 있었습니다. 과거 무굴제국이 인도에서 힘을 공고히 할 수 있던 이유도 바로 토후국들로부터 조공Tribute을 받았기 때문입니다. 조공의 핵심은 조공국이 종주국에 조공을 바치는 대신, 종주국으로부터 자치정부를 가져도 된다는 승인을 받는 것입니다. 영국은 이런 인도의 역사적 사례를 빌려 번왕국 제도를 도입했습니다. 이 제도는 영국을 '왕'으로 간주하고 인도의 토후국을 '왕자'로 간주하여, 토후국이 영국에 복종하는 대신 영국은 토후국에 인도인을 통치할 수 있는 권한을 주기 때문입니다. 한마디로 정치적 명분에 따른 보상심리를 채워주는 것이죠.

영국은 영국인이 인도인을 통치하기보다, 인도인이 인도인을 통치할 때 민중의 반발심을 줄일 수 있을 것이라고 생각했습니다. 이 이유로, 영국은 영국 정부의 직접 통치 그리고 토후국(번왕국)의 간접 통치를 통해 인도제국의 60%를 영국의 직할령으로 두었고, 나머지 40%를 번왕국의 자치령으로 두었습니다. 1947년 인도와 파키스탄이 독립하기 전까지 인도제국에는 총 565개의 번왕국이 있었습니다. 그리고 이중 가장 힘이 강했던 번왕국들은 하이데라바드, 마이소르, 카슈미르, 바로다, 괄리오르 등등이 있습니다.

카슈미르는 아직도 인도와 파키스탄 사이에 화약고로 남

아 있는 분쟁지역입니다. 이런 카슈미르도 과거에는 영국령 인도제국의 영향력 있는 번왕국이었습니다. 그런데 지금의 카슈미르는 분리주의를 논함에 있어서 절대로 빠지지 않는 지역 중 하나가 됐습니다. 왜 그럴까요? 그 이유의 뿌리는 상이한 정체성에서 비롯한다고 봅니다.

통치의 주체가 다르면, 통치받는 주체의 정체성도 당연히 다를 수밖에 없습니다. 그런데 만약에 엎친 데 덮친 격으로, 통치자와 또 다른 통치자 그리고 피통치자와 또 다른 피통치자 간의 종교까지 다르면 어떤 문제가 발생할까요? 이는 결국 서로가 공통분모로 나눌 것이 거의 없다는 것을 의미합니다.

정체성이 다를 수밖에 없는 근본적인 이유, 종교

정책학에서 분열 정책을 논할 때 빠지지 않고 등장하는 단어가 있습니다. '커뮤널리즘Communalism'입니다. 커뮤널리즘은 대개 두 가지 뜻을 지닙니다. 하나는 지방 분권주의이고, 다른 하나는 특정 공동체의 공동체 의식을 제고하는 공동체주의입니다. 예를 들어, 어떤 나라에 하나의 민족과 하나의 종교만 있다고 간주해봅시다. 이 나라가 통일을 해야 한다면, 이 나라는 공동체주의를 통해 서로 간의 유대감을 높이면서 아주 높은 공동체 의식을 가질 수 있을 것입니다. 공유하는 공통분모가 크기 때문이죠.

그러나 어떤 나라에는 여러 민족이 있고 여러 종교가 있다고 간주해봅시다. 이 나라가 통일을 해야 할 때, 과연 공동체주의는 도움이 될까요? 공동체주의의 핵심은 '특정' 공동체의 '특정' 의식을 높이는 것입니다. 이를 인도제국에 대입해보자면, 이는 즉 인도제국의 국민은 '인도인'이라는 공통분모가 있어도 서로 다른 가치와 이념을 추구하기 때문에, 어느 '특정' 공동체의 의식이 제고될 때마다 인도라는 나라 자체도 분열될 가능성이 있다는 것을 의미합니다. 그리고 이러한 이유로, 어느 '특정' 공동체의 힘이 강해지면, 나머지는 해당 특정 공동체를 계속 경계하고 견제할 수밖에 없게 되는 것이죠.

이것이 바로 분열 정책이 갖는 견제와 적대심의 힘입니다. 영국은 인도제국을 지배하는 과정에서 힌두교와 이슬람교 간의 커뮤널리즘을 자극하여 서로가 서로를 견제하는 구조를 만들었습니다. 견제 기반의 분열을 조장해야 나중에 그 어떤 문제가 발생하더라도, 인도인이 영국을 탓하기보다 서로가 서로를 탓하게 만들 수 있기 때문입니다. 그런데 영국이 이런 교훈을 얻게 된 데에는 계기가 있습니다. 그것은 바로 힌두 민족주의자들이 일으킨 소 보호 운동입니다.

소 보호 운동을 살펴보기 위해서는 우선 인도 국민회의Indian National Congress에 대해 먼저 살펴보는 것이 중요합니다. 인도 국민회의는 1885년에 설립되어 지금도 존재하고 있는 인도의 정당 중 하나입니다. 그러나 사실 인도 국민회의가 탄생하게 된 배경에는 브라흐마 사마지 운동이 있습니다. 브라흐마 사마지 운동은 인도의 지식인들과 힌두교의 지도자들이 중심이 되어 일으킨 민족 운동입니다. 브라흐마는 우주를 창조하는 힌두교의 신이고, 브라만은 힌두 사회 안에서 최상위에 있는 카스트(신분 계층)입니다. 아마 여러분들 중 수능 과목으로 세계사를 선택하셨던 분들은 카스트 제도를 달달 외우시느라 '브라흐마'라는 단어만 보고도 "뭔지는 몰라도 왠지 엘리트 계층이 아니면 전혀 끼지를 못하겠는데?"라는 생각을 하셨을 수도 있을 것 같습니다.

인도 국민회의는 창립 초반에 서구에서 계몽주의를 배운 인도의 엘리트들로 이루어졌습니다. 그런데 한 가지 놀라운 사실은, 정작 인도 국민회의라는 정치 조직을 설립할 수 있도록 후원한 건 영국이라는 것입니다. 영국이 인도 국민회의를 후원하는 조건으로 내세웠던 조건이 있습니다. 그것은 인도 국민회의가 영국의 인도제국 지배를 인정하고, 영국과 대화를 통해 인도인의 권익을 신장하라는 것이었습니다. 바로 이 이유로, 인도 국민회의는 설립 초반에 친영 성향을 보였습니다. 그런데 흥미로운 점은, 이때 인도제국에서 인도 국민회의보다 훨씬 급진적인 힌두 민족주의자들의 민족 운동이 전개됐다는 것입니다. 바로 힌두 부흥주의를 통해서 말이죠.

힌두 부흥주의가 갑자기 인기를 얻을 수 있었던 데에는 이유가 있습니다. 지식이 없어도 민족 운동에 쉽게 참여할 수 있었기 때문입니다. 아무래도 인도 국민회의는 엘리트 구성원들로 이루어졌기 때문에, 처음에 이들은 인도제국 내에서 대중의 인기를 삽시간에 얻기가 힘들었습니다. 솔직히 저 같아도 너무 똑똑해 보이는 사람들만 나와서 "여러분, 우리 모두 계몽주의에 따라 계몽합시다!"라는 말을 들으면, "계몽이 뭔가요? 너무 어려운 말인데요?"라고 생각하며 별 반응을 보이지 않을 것 같습니다. 그런데 이런 말을 들으면 좀 다른 반응을 보일지도 모르겠습니다. "여러분! 우리는 그간 영국의 침략으로 힌두의 부흥을 이루지 못했습니다! 자, 이제라도 우리 함께 인도와 힌두의 상징인 소를 보호합시다! 이것이 인도를 지키는 방법입니다!"

놀랍지만, 실제로 이러한 소 보호 운동은 인도 내 힌두교도들의 민족주의를 고취하는 데에 큰 힘을 발휘했습니다. 그러나 이 운동은 이슬람교도들에게는 의도치 않게 이슬람교를 배척하는 행위로 비쳤습니다. 아시는 분들은 아시겠지만, 이슬람 문화권에서는 이드 알 피트르Eid Al Fitr 그리고 이드 알 아드하Eid Al Adha를 이슬람의 대표적인 명절로 인식합니다. 이드 알 피트르는 라마단 단식을 끝낸 차원에서 가족들이 모여 축제를 즐기는 날입니다. 그러나 이드 알 아드하는 쿠란에 나오는 선지자 아브라함의 아들인 이스마엘이 제물로 바쳐질 뻔하다가, 천사가 양을 제물로 바침으로써 이스마엘이 살아난 것을 기념하기 위해 만들어진 기념일입니다.

이슬람교도는 이드 알 아드하를 희생제라고도 부릅니다. 그리고 이들은 이날 모두 함께 모여 양, 염소, 소 등을 먹으며 희생제를 보냅니다. 그래서일까요? 사실 어떻게 보면 힌두교도와 이슬람교도가 소를 보호하거나 도축하는 행위는, 다소 이율배반이긴 하지만 양측 모두 자신의 종교적 자유를 표현하는 것과 다름이 없다고 봐도 무방합니다. 왜냐하면, 서로가 '소'를 바라보는 시각이 너무나 다르기 때문이죠.

그러나 급진적 힌두 민족주의자들의 소 보호 운동은 결국 힌두교도와 이슬람교도 간 유혈사태를 불러일으켰습니다. 이 상황을 지켜본 이슬람교도는 생각했습니다. "평화롭게 지내고 싶지만, 결국 우리의 이권을 보호해 줄 존재는 우리밖에 없군." 이를 계기로 이슬람교도는 자신들도 인도 국민회의와 같은 조직을 세워야 한다는 동기를 갖게 됩니다. 그런데 이게 무슨 일인가요? 당시 영국의 인도총독이었던 커즌 경Lord Curzon도 힌두교도와 이슬람교도 간의 갈등을 바라보며, 이슬람교도들이 가졌던 생각을 똑같이 한 것입니다. 바로 이 논리를 토대로 말입니다. "이거 생각보다 일이 쉽게 풀리겠어. 안 그래도 벵골 서쪽에서 나날이 힌두 민족주의가 격해지고 있는데, 만약에 벵골을 동서로 나눠서 동쪽을 이슬람교도들에게 주면, 민족주의 확산이 좀 수그러들지 않겠어? 그 덕에 반영감정도 줄어들 테고."

벵골분할령 그리고 다수와 소수 간의 싸움

1905년 커즌 경은 벵골을 동과 서로 나누는 벵골분할령을 발표합니다. 명목상 근거는 행정 구역 분리였습니다. 그러나 영국 총독부의 실질적 근거는 인도 민족주의의 확산 방지였습니다. 아니나 다를까, 총독이 이 발표를 하자마자 인도 국민회의는 벵골분할령을 크게 비판했습니다. 그리고 이를 계기로 인도 국민회의는 친영에서 반영 세력으로 돌아서게 되죠.

사실 동벵골에 있던 이슬람교도들도 처음에는 벵골분할령을 반대했습니다. 영국이 종교라는 매개체를 이용하여 인도인 간의 신뢰를 무너뜨리고 서로를 적대시 만든다고 생각했기 때문입니다. 그러나 이때, 커즌 경이 동벵골에 사는 이슬람교 지도자들에게 내밀었던 카드가 있습니다. 그것은 바로 동벵골에 이슬람교도만을 위한 독립 선거구제를 도입하자는 제안이었습니다. 이 제안을 들은 이슬람교 지도자들은 내심 기뻐했습니다. 이슬람교도만을 위한 독립 선거구제를 도입한다는 뜻은, 이제야 비로소 이슬람교도들도 자신들의 정치적 이권을 대변할 정치적 조직을 가질 수 있다는 걸 의미하기 때문입니다. 아무래도 인도 사회에서의 주류는 항상 힌두교도였습니다. 그렇기 때문에 이슬람교도는 언제나 정치적 소외자 취급을 받을 수밖에 없었죠. 그런데 그냥 선거구제도 아니고 무려 특정 공동체만을 위한 독립 선거구제라뇨. 조심스럽지만, 아마 이 제안을 싫어했을 이슬람교도는 극히 드물었을 것이라 예측해봅니다.

영국은 자신의 이권을 지키기 위해 과거에 인도 국민회의를 지원한 것처럼, 이번에는 무슬림 독립 선거구제 도입을 통해 힌두 부흥주의에 대항할 이슬람 세력을 키웠습니다. 그리고 그 결과, 이러한 일련의 과정에서 탄생한 조직이 바로 전인도무슬림연맹All-India Muslim League입니다. 중요한 부분을 이야기하는 만큼, 여기서 잠깐 전략적으로 생각해보는 시간을 가져보면 좋을 것 같습니다.

벵골분할령은 힘의 대립에 있어서 누가 다수가 될 수 있고, 누가 소수가 될 수 있는지를 명확히 보여주는 예시입니다. 당시 인도제국의 국민 과반수는 힌두교도였고, 국민의 오직 소수만이 이슬람교도였습니다. 이는 즉 이슬람교도는 인도 사회에서 수적으로 열세할 수밖에 없기 때문에, 언제나 정치적으로도 소수가 될 수밖에 없었다는 것을 의미합니다. 좀 더 설명하자면, 이는 결국 소수가 다수를 상대로 자신들의 정치적 목표를 설득하기가 매우 어려울 수밖에 없다는 것을 뜻합니다.

그런데 만약 벵골이 동과 서로 나뉘게 되면, 이슬람교도는 동벵골에서 다수를 차지함으로써 소수인 힌두교도를 상대로 정치적 영향력을 발휘할 수 있게 됩니다. 인도 국민회의가 우려했던 부분이 바로 이것입니다. 힌두교도가 한순간에 동벵골에서 소수로 전락하게 되면, 동벵골에 사는 힌두교도의 정체성은 보호받기가 힘들어집니다. 다수가 이끄는 사회에서의 소수는 결국 다수의 결정에 따라 살아갈 수밖에 없기 때문입니다.

사실 인도 국민회의에 있어서 벵골은 힌두 부흥주의의 탄생지라고 해도 과언이 아닐 정도로 의미가 큽니다. 그런데, 잘 생각해보십시오. 아무리 힌두교를 부흥시킨다고 하더라도, 결국 힌두교를 진짜로 부흥시키는 매개체는 무엇일까요? 바로 정치입니다. 정치는 권력을 통해 질서를 바로잡을 수 있습니다. 권력을 얻고 유지하기 위해서는 더 많은 지지자를 확보해야 합니다. 그래서 정치를 논함에 있어서 다수는 매우 큰 의미를 지닙니다. 다수가 이기는 사회를 만들어야, 다수에 의한 정치를 펼칠 수 있기 때문입니다.

이처럼 '다수'의 중요성을 알고 있던 인도 국민회의는 벵골 분할을 계기로 급진적 힌두 민족주의 운동 그리고 반영 운동을 펼쳐나갔습니다. 그리고 그 결과, 영국은 1911년 벵골분할령을 철회합니다. 이슬람교도는 이 결정으로 매우 큰 타격을 받았습니다. 기껏 동벵골에서 다수라는 지위를 확보했는데, 영국의 철회 결정으로 인해 무슬림이 다시 정치적 소수자로 전락했기 때문입니다. 이 사건을 계기로 전인도무슬림연맹은 친영 노선을 버리고 반영 노선으로 갈아탑니다. 그리고는 인도 국민회의와 힘을 합쳐, 종교적 소수자를 보호하는 대안책을 강구하기 시작하죠.

전인도무슬림연맹과 인도 국민회의가 소수의 종교적 자유를 보장하고 정치적 권리를 보호하며 인도의 독립을 위해 함께 대항할 것을 약속한 협정이 바로 1916년 체결된 러크나우 협정입니다. 이 협정에 따르면, 인도 국민회의는 소수를 보호하기 위해 이슬람 독립 선거구제 운영권을 허락합니다. 그러나 우리가 여기서 눈여겨봐야 할 부분이 있습니다. 그것은 바로, 이것은 어디까지나 인도 국민회의 지도자들의 결정이었지, 일반 힌두 민중의 결정은 아니었다는 것입니다.

급진적 힌두 민족주의자들은 인도 국민회의가 이슬람이라는 소수와 타협하는 것을 보며 더 이상 인도 국민회의를 지지할 수 없다고 밝히기도 했습니다. 놀라운 것은, 일반 대중들도 이에 매우 큰 호응을 보였다는 것입니다. 정치를 생물이라고 비유하는 데에는 이유가 있습니다. 권력을 얻기 위해서는 그 권력을 빌려주는 사람들의 마음을 살펴야 하기 때문입니다. 바로 이 이유로, 민심을 수습해야 했던 인도 국민회의는 러크나우 협정을 버리는 결정을 내립니다.

사실 인도 국민회의가 약속했던 이슬람 독립 선거구제 운영권은 이슬람교도가 지방 의회에서 어느 정도의 의석을 확보할 수 있도록 마련한 정치적 보호 장치였습니다. 그러나 이 약속이 이행되지 않자 전인도무슬림연맹은 1920년 이후부터 치러진 모든 선거에서 대패하며, 소수가 다수를 이기는 것은 거의 불가능에 가깝다는 교훈을 얻게 됩니다. 그리고 이를 계기로, 전인도무슬림연맹은 인도제국이 인도와 파키스탄으로 독립할 때까지 '두 민족론Two-Nations Theory'을 천명하며 분리주의 노선을 걷게 되죠.

국가가 국민이라는 논리와 국민이 국가라는 논리

우리가 답하고자 했던 질문은 '분리주의의 영향은 무엇인가?'입니다. 분리주의의 목표는 국가 혹은 민족의 소수집단이 다수가 이끄는 제도 혹은 집단으로부터 독립하여 분리된 지위를 추구하는 것입니다. 그러나 인도와 파키스탄의 역사를 살펴보면, 분리주의의 영향은 오히려 끝없는 다수와 소수 간의 대립이라는 것을 알 수 있습니다.

다시 한번 되짚어보겠습니다. 벵골분할령으로 전인도무슬림연맹은 동벵골에서 다수가 되는 것을 꿈꿨습니다. 이에 반해, 인도 국민회의는 소수로 전락하는 것을 우려했죠. 벵골분할령이 철회되자 전인도무슬림연맹은 종교적 그리고 정치적 소수를 보호할 방안을 탐색했습니다. 그러나 인도 국민회의는 힌두 민족주의자들의 민심을 따라, 힌두교도를 보호하는 결정을 내렸습니다. 그 결과, 소수로서의 독자노선을 걷고자 했던 전인도무슬림연맹은 분리주의를 외치며 이슬람교도만을 위한 독립국을 세우고자 했습니다. 그리고 그렇게 탄생한 국가가 바로 파키스탄입니다.

파키스탄이 독립국이 되자마자 했던 일이 있습니다. 다름 아닌 카슈미르 침공입니다. 1947년 인도제국이 독립할 당시, 카슈미르는 인도 혹은 파키스탄 중 한 곳으로 편입될 것을 요구받았습니다. 그러나 힌두교도였던 카슈미르의 번왕은 주민의 대다수가 이슬람교도였기 때문에, 인도와 파키스탄 중 어디로 편입해야 할지 갈등했습니다. 이를 본 파키스탄은 카슈미르를 침공해 하루라도 빨리 카슈미르를 파키스탄의 영토로 삼고자 했습니다. 그러나 파키스탄의 침공에 놀란 카슈미르의 번왕은, 인도가 카슈미르에 병력을 보내는 조건으로 카슈미르를 인도에 편입시킬 것을 약속했습니다.

카슈미르는 지금까지도 인도와 파키스탄 사이의 분쟁지역으로 남아 있습니다. 가끔 외신을 보면, 인도가 점령하는 카슈미르 지역의 몇몇 주민들이 인도 국기가 아니라 파키스탄 국기를 흔드는 것을 볼 수 있습니다. 기사의 내용은 대부분 비슷합니다. 이들의 정체성은 인도보다 파키스탄에 가깝다는 것이죠. 그래서일까요? 저는 이와 비슷한 상황을 볼 때마다 이런 생각을 하게 됩니다. "국가는 국민이라는 논리가 무섭게 들릴 수도 있겠구나."

"국가가 국민입니다."라는 논리에 의하면 이들은 아무리 자신의 정체성이 파키스탄에 가깝다고 하더라도, 법적으로는 인도령 카슈미르에 속하기 때문에 결국 인도인으로 분류될 수밖에 없습니다. 그러나 "국민이 국가입니다."라는 논리에 의하면 상황이 좀 달라집니다. "나는 누구인가?"라는 질문에 대한 답이 곧 내가 있어야 할 곳을 의미하고, 이 질문은 다수와 소수 자체를 분리할 수 없는 근본적인 정체성을 수립하기 때문입니다. 그래서 세계 정치 그리고 세상의 흐름을 파악하는 데에 있어서 가끔은 '국가'라는 거시적인 질문보다 '정체성'이라는 아주 개인적인 질문을 해야 할 때가 있습니다. 국민이 갖는 정체성이 국가가 갖는 정체성과 상충하지 않을 때, 비로소 평화를 누릴 수 있기 때문입니다.

BACCALAUREATE WORLD HISTORY

5장

예상 밖의 민주국가와 독재국가

20세기

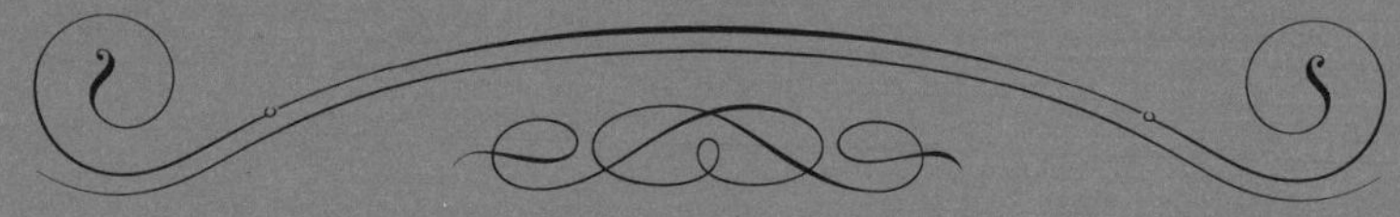

Question 9

위기가 민주주의를 발전시킬 수 있는가?

힌트

"눈물 나게 슬프지만,
위기가 때로는 기회가 되기도 합니다."

- 이 질문은 위기가 어떻게 기회를 만들 수 있는지 살펴보는 데에 도움이 되는 질문입니다.
- 기존에 알고 있던 민주주의의 정의를 생각해보고 자신이 생각하는 민주주의의 핵심이 무엇인지 비교해보세요. 앞으로 자신이 한 시민으로서 이 사회에 어떤 책임을 져야 할지 심도 있게 고민해 볼 수 있습니다.

기회

르완다 대학살

기적의 르완다

21살까지만 해도 저는 다큐멘터리 제작자가 되고 싶었습니다. 다큐멘터리를 통해 세상의 숨겨진 이야기를 발견하고 싶었기 때문입니다. 그런데 저의 진로와 관심 분야를 국제관계로 송두리째 바꿔준 계기가 있습니다. 대학교 3학년 1학기 때 들었던 '국제형법International Criminal Law' 수업입니다. 이 수업에서 제일 처음으로 다뤘던 사건이 있습니다. 다름 아닌 '르완다 대학살Rwandan Genocide'입니다. 주로 국제법 수업에서는 사건을 분석하는 방법부터 배웁니다. 살면서 공부를 하며 단한 번도 눈물을 흘렸던 적이 없습니다. 그러나 이 사건을 분석하며 혼자서 얼마나 많은 눈물을 흘리고 분노를 느꼈는지 모릅니다. 죄 없는 사람들이 너무 많이 죽었고, 사태가 심각하다는 걸 알고 있음에도 불구하고 국제 사회는 별다른 대응을 하지 않았기 때문이죠.

사건을 분석하는 과정에서 제 시선을 한참이나 빼앗았던 사진이 있습니다. 한쪽 팔을 잃은 무표정의 젊은 여성과 그 여성을 바라보는 두 명의 갓난아기 사진입니다. 보통의 엄마들은 아기를 사랑스러운 눈으로 바라보지만 유독 그 사진 속에 있는 어머니의 눈에서는 그 어떤 사랑을 찾아볼 수 없었습니다. 처음에는 사진 속의 어머니가 팔을 잃어서 슬픈 줄 알았습니다. 물론 그 이유도 있긴 합니다만, 사진 밑에 있는 캡션을 읽고 나서는 할 말을 잃었던 기억이 납니다. 캡션은 사진 설명을 이렇게 했기 때문입니다. "한쪽 팔을 잃은 젊은 엄마와 그녀의 원치 않는 쌍둥이 아이들A young mom with one arm and her unwanted twin babies"

국제관계에서 'Unwanted(원치 않는)'라는 단어는 주로 내전 중 발생하는 성폭력 사건들에 등장합니다. 원치 않는 임신, 원치 않는 아이라는 표현이 이에 해당하죠. 르완다는 1994년 4월 7일부터 7월 15일까지 약 100여 일간 약 80만 명이 사망하는 씻을 수 없는 상처의 역사를 안고 있습니다. 이것이 바로 '르완다 대학살'입니다. 이 학살은 부족 간의 갈등이 주요 원인이었습니다. 사진 속의 여성은 학살 피해자 중 한 명입니다. 그녀는 르완다 대학살 때 모든 가족을 잃었고, 강간을 당해 원치 않는 임신, 원치 않는 아이를 낳았으며, 한쪽 팔도 잘렸습니다.

감히 상상도 할 수 없는 일들이 벌어졌던 게 르완다 대학살입니다. 그런데 놀라운 점은, 이렇게 집단 학살 그리고 내전으로 고통받던 르완다가 지금은 세계 1위의 여성 정치인 비율을 자랑하는 민주정치의 새 돌풍이 됐다는 것입니다. 현재 르완다 의회 내 여성 의원의 비율은 무려 60%가 넘습니다. 민주정치의 상징인 미국도 여성 의원 비율이 30%밖에 안 되고, 한국은 20%도 넘지 못합니다. 이와 비교하면 르완다는 기적의 역사를 쓰고 있습니다. 그런데 궁금합니다. 도대체 르완다는 뭘 어떻게 했기에 이렇게 갑자기 기적의 역사를 쓸 수 있게 된 것일까요? 여러 요인이 있지만, 이것 하나만큼은 분명합니다. 르완다는 국가적으로 형언할 수 없는 위기를 겪었고, 그 위기를 극복하고자 스스로 눈물을 머금고 새로운 기회를 찾아냈다는 것입니다.

위기로 가는 길,
하미틱(Hamitic) 신화와 벨기에의 우대정치

르완다 대학살이 일어난 이유를 분석하기 위해 읽었던 참고자료들 중 가장 기억에 남는 자료는 성경이었습니다. 르완다 대학살과 관련된 자료를 읽다 보면, 놀랍게도 거의 모든 자료들이 성경의 창세기 부분을 언급한다는 걸 알 수 있습니다. '노아의 방주'라고 들어보셨나요? 성경을 잘 모르더라도, 우리가 적어도 한 번씩은 들어본 그 '노아'가 바로 여기서 등장합니다.

창세기 9장의 20절부터 27절에 따르면, 대홍수가 끝나고 방주에서 나온 노아가 첫 번째로 했던 일이 있습니다. 포도나무를 심는 것이었습니다. 노아는 포도나무를 심고 난 뒤 포도주를 마셨습니다. 그러나 포도주를 마시고 취한 나머지, 노아는 자기도 모르게 장막 안으로 들어가 발가벗은 채로 잠이 들었습니다. 노아에게는 총 세 명의 아들이 있었는데, 그들은 셈, 함, 그리고 야벳이었습니다. 이들 중 함은 장막을 지나가던 중 우연히 노아의 나체를 보게 됐습니다. 그런데 이를 어쩌지요? 문제는 여기서 발생하고 맙니다. 함이 굳이 형제들에게 다가가 "나 방금 아버지의 나체를 봤어!"라고 말했기 때문이죠. 이를 들은 셈과 야벳은 얼른 옷을 가져다 노아에게 갔습니다. 그리고 이들은 노아의 나체를 보지 않고, 그저 자신들이 가져온 옷을 노아에게 덮어주었습니다. 술이 깬 노아는 어떤 일이 있었는지 모두 알게 됐습니다. 그리고선 무척 화가 난 노아는 함에게 말했습니다. "함, 너는 가나안(함의 아들)의 아버지다. 그러나 가나안은 저주받아, 네 형제들의 종의 종이 될 것이다."

이 내용을 보면 함은 자신이 범한 경솔한 행동 때문에, 자기가 아닌 자기 아들이 대신 저주를 받는 벌을 받게 됩니다. 보통 여기까지 읽으시고 이게 르완다 대학살과 어떤 연관성이 있는지 의문을 가지실 수도 있습니다. 그러나 놀라운 사실은, 바로 '함Ham'이 받은 가나안의 저주가 19세기의 유럽 제국주의자들이 아프리카 식민지를 통치하기 위해 썼던 근거라는 것입니다.

아프리카를 식민지화했던 유럽 제국주의자들의 말도 안 되는 논리에 의하면, 가나안은 노예 즉 은유적으로는 자신들이 통치하려는 식민지의 인종인 흑인을 뜻했습니다. 그런데 그냥 노예도 아니고 노예의 노예라면, 이것만큼 제국주의자들이 식민 통치를 합리화하기에 좋은 수사법이 어디 있었겠는지요. 그러니 이들은 양심의 가책도 느끼지 않고 "가나안이 저주받아서 종의 종이 된 건데, 아프리카 지배가 뭐가 잘못됐다는 거야?"라는 망언을 했던 것입니다.

잔인하지만, 이것이 바로 하미틱Hamitic 신화의 유래입니다. '하미틱'이라는 이름은 '함'이라는 명사를 형용사화한 것입니다. 함의 후예는 아예 함족Hamites이라고 불리기도 하는데, '하미틱'은 '함과 같은' 혹은 '함의' 그리고 '함으로부터 유래한' 정도로 풀이될 수 있습니다. 제국주의자들에 의하면, 함과 같은 사람은 피부가 검은 흑인은 맞지만, 생김새는 유럽의 백인과 비슷해서 다른 흑인 부족보다는 좀 더 우월한 위치에 있는 사람을 의미합니다. 예를 들면, 코가 높고, 입술이 얇고, 키가 큰 르완다의 투치족 같은 사람들 말이죠.

이 신화를 적극적으로 활용했던 식민 정부가 있습니다. 다름 아닌 벨기에입니다. 어느 나라나 마찬가지이지만, 르완다도 제국주의자들의 침략을 당하기 전까지는 부족들 간의 관계가 평화로웠습니다. 르완다의 인구 분포를 살펴보면, 르완다에는 주로 농업에 종사하는 후투족이 85%, 목축업에 종사하는 투치족이 14%, 그리고 트와족이 나머지를 차지합니다. 르완다는 1884년 독일의 식민지였다가, 1923년부터 1962년까지 벨기에의 식민지가 됩니다. 식민 정부가 독일에서 벨기에로 바뀐 데에는 이유가 있습니다. 독일이 제1차 세계대전의 패전국이 되면서, 1923년 국제연맹The League of Nations이 르완다의 통치를 벨기에에게 위임했기 때문입니다.

사실 벨기에도 국제법적으로만 따지면 19세기가 되어서야 네덜란드로부터 독립한 신생국입니다. 그래서 벨기에는 19세기 이전까지만 해도, '벨기에'라는 자주적 주체로서 국제적 영향력을 발휘한 경험이 별로 없습니다. 이 지점에서 전략적으로 생각해보시길 바랍니다. 벨기에는 1830년에 독립을 선언했고, 그 독립이 런던 조약을 통해 공식적으로 인정된 것은 1839년입니다. 벨기에가 르완다의 식민 정부가 된 것은 1923년입니다. 1839년부터 1923년은 100년도 되지 않는 기간입니다. 절대적인 숫자로 한 국가의 내공과 행정력을 평가할 수는 없습니다. 그러나 상대적으로 평가해 볼 때, 짧은 역사를 가진 벨기에가 아프리카라는 거대한 대륙의 국가 중 하나인 르완다를 통치하기 위해서는 그 무엇보다 벨기에의 우군이 필요했습니다.

벨기에는 투치족을 보고 이런 생각을 했습니다. "우리에게는 우군이 필요해. 오, 근데 투치족이 생각보다 생긴 게 괜찮네? 코도 높고, 입술도 얇고, 키도 크고, 피부색도 그렇게 까맣지는 않고. 아, 그래! 노아의 아들 중에 함이 있지? 투치족을 함족이랑 연관 지어서 하미틱 신화를 정치적으로 활용하면 되겠네. 그래야 우리가 투치족을 후투족보다 우월한 존재로 만들어서 투치족을 우대할 수 있을 테니 말이야. 그렇게 되면 투치족이 우리 대신 후투족을 군림할 테니, 무슨 문제가 생겨도 욕을 먹는 건 투치족이겠지?"

이 논리, 어디서 많이 본 것 같지 않으신가요? 영국이 인도제국에서 썼던 분열 정책을 종교가 아닌 부족에 대입한 전략이 바로 벨기에가 썼던 분열 정책입니다. 벨기에는 르완다에서 자신의 우군을 확보하고 이들을 통해 식민지를 통치하고 싶었습니다. 그리고 그렇게 하기 위해 벨기에는 투치족을 후투족보다 우월한 존재로 만들었고, 이들을 르완다의 엘리트층으로 만들어서 투치족 우대정치를 통한 르완다 지배의 정당성을 확보하고자 했습니다.

위기에 다다르는 신분증 정치와 인내심의 한계

그런데 아무리 벨기에가 투치족 우대정치를 통한 지배의 정당성을 확보한다고 해도, 말로만 투치족의 우월성을 설파하는 것은 효력이 없었습니다. 말은 전파력은 강하지만, 기록용으로는 힘이 약하기 때문이죠. 어디 그뿐인가요? 르완다는 이미 아주 오래전부터 부족 간 결혼이 활발했습니다. 그래서 사실상 벨기에 식민 정부가 르완다 국민을 투치족, 후투족, 트와족으로 분명하게 나누는 것은 거의 불가능에 가까웠습니다. 그럼에도 불구하고 벨기에가 투치족의 우월성을 제도화하기 위해 도입했던 제도가 있습니다. 그것은 바로 부족 표기의 신분증 발급 제도입니다.

제가 살면서 본 가장 잔인한 신분증이 몇 가지 있습니다. 하나는 제2차 세계대전 당시 나치 독일이 유대인들의 팔에 부착했던 '다윗의 별' 완장이고, 다른 하나는 1930년대 초반부터 벨기에가 르완다 국민에게 발급한 신분증입니다. 벨기에가 신분증을 발급할 때, 부족을 확인하기 위해 사용했던 방법이 있습니다. 하나는 신체 구조를 측정하는 것이고, 다른 하나는 부족들이 보유하고 있던 소의 수를 세는 방법입니다.

신체 구조를 측정했을 때, 최대한 코가 높고, 입술이 얇고, 키가 크고, 두개골의 크기가 작은 사람은 투치족으로 분류됐습니다. 그러나 만약에 이런 경우라면 어떻게 해야 할까요? 코는 아주 높고, 키는 보통입니다. 그런데, 입술은 두껍다고 가정해보겠습니다. 그럼 이 사람은 투치족일까요, 후투족일까요? 벨기에 식민 정부는 이러한 문제가 발생할 때마다 당사자에게 이 질문을 했습니다. "어이, 자네는 소를 몇 마리 정도 갖고 있나?" 만약 당사자가 "아, 저는 집에서 8마리 정도를 키우고 있습니다."라고 답한다면, 이 사람은 순식간에 후투족으로 분류됐습니다. 왜냐하면, 당시의 벨기에 식민 정부는 소 10마리 이상을 가진 사람을 투치족으로, 소 10마리 미만을 가진 사람을 후투족으로 분류했기 때문이죠.

벨기에 식민 정부의 신분증 발급 제도 때문에, 르완다 내에서는 점점 더 투치족과 후투족 간의 갈등이 극에 달했습니다. 후투족은 피부가 검고 키가 작다는 이유만으로 교육의 기회를 박탈당했고 강제노역에도 동원됐기 때문입니다. 생각해보면 그렇습니다. 누구는 외모 하나 때문에 땀 흘려 노동하는데, 누구는 좋은 학교에서 공부도 하고 좋은 직업도 가지면, 당연히 화가 나지 않겠는지요? 그런데 후투족은 화가 나도 어쩔 수 없었습니다. 사회적으로 그들이 투치족을 제치고 확실한 지배계층으로 올라설 수 있는 것이 아니라면, 반란은 그저 또 다른 희생만을 의미했기 때문입니다.

그러던 어느 날, 화를 꾹 참고 있던 후투족을 돌변하게 만들었던 사건이 있습니다. 바로 1959년 르완다 혁명입니다. 이 혁명은 투치족 군주제 지지자들이 후투족 정치세력 중 한 명을 공격하면서 일어나는데, 이를 계기로 후투족은 "더 이상은 못 참아!"라고 나서며 투치족을 상대로 내전을 일으켰습니다. 인구의 다수인 후투족이 소수인 투치족을 상대로 혁명을 일으킨 것을 본 벨기에 식민 정부는, 이제 더 이상 투치족만을 우대하는 정치를 펼쳐서는 안 되겠다는 걸 확인하고 투치족 중심의 권력구조를 타파하기 시작했습니다. 그리고 그 결과, 1961년 후투족 정치세력은 공화국 정부 수립을 선포하면서 르완다의 독립을 선언했고, 후투족 중심의 파르메후투(후투족 해방운동당, Parti du Mouvement de l'Emancipation Hutu[Parmehutu]) 정당이 의회의 제1당으로 등극하며 르완다는 1962년 후투족을 지배 세력으로 두는 독립국으로 재탄생합니다. (참고로 르완다는 원래 루안다-우룬디의 일부였지만, 독립 이후에는 루안다가 르완다로, 우룬디가 부룬디로 분리되어 독립하게 됩니다)

농업과 농부라는 단어의 무서운 의미

세계사를 공부하다 보면 사람의 심리를 파악하려고 노력하는 태도를 갖게 됩니다. 이런 버릇을 갖게 된 데에는 이유가 있습니다. 결국 역사를 쓰는 것도 인간이고, 사건을 일으키는 것도 인간이고, 모든 것이 인간의 생각, 마음, 그리고 행동으로부터 시작하기 때문입니다.

그런 점에서 한번 사과Apology에 대해서 살펴볼까요? 대부분의 사람들은 오랫동안 사과를 기다려도 사과를 받지 못할 때 두 가지 중 한 가지 마음을 갖게 됩니다. 하나는 끊임없는 기다림이고, 또 다른 하나는 영구적 제거입니다. 끊임없는 기다림은 상대가 사과할 때까지 기다리는 것을 의미합니다. 그러나 영구적 제거는 다릅니다. 이는 한마디로, 어차피 사과받지 못할 거면 아예 상대를 기억 속에서 제거해버리거나, 실제로 제거해버리려는 마음을 담기 때문입니다.

1962년 르완다가 독립국이 되고 후투족이 지배 세력으로 등극하자마자, 후투족은 그동안의 앙갚음을 투치족 차별정책과 폭력으로 되갚기 시작했습니다. 그 이유로, 후투족은 인구 구성원에 따라 경제권, 교육권을 부여했고, 이에 따라 투치족은 르완다에서 많은 권리를 박탈당했습니다. 그러나 이렇게 당하고 살 수만은 없다고 느낀 몇몇 투치족들은 1963년 이웃 국가인 부룬디로 거처를 옮겨 르완다에 있는 후투족을 학살하기 시작했습니다. 물론, 후투족도 이에 대한 복수로 르완다에 남아 있던 몇몇 투치족들을 학살했고요.

서로 간의 학살로 사회적 혼란이 극에 달했을 무렵, 1973년 르완다 안에서는 더 큰 일이 벌어졌으니, 그것은 다름 아닌 후투족 군부의 쿠데타 출현입니다. 1973년 르완다 쿠데타는 하비아리마나라는 장군이 일으켰는데, 그는 쿠데타를 일으킨 이후 연설을 통해 이런 말을 했습니다. 한번 그의 연설을 있는 그대로 받아들이기보다, 키워드 하나하나에 담긴 정치적 의미를 해석하면서 읽어보시길 바랍니다. 하비아리마나의 연설 일부입니다.

> 과거의 몇몇 사회는 손으로 일하는 사람들을 배척했습니다. 물론, 그들은 머리를 쓰는 사람들에게 더 많은 특권을 줬고요. 그런데 이제 이런 시대착오적인 발상은 받아들여질 수 없습니다. 우리는 오히려 손으로 일하는 사람들 즉 농부들이 이 나라 경제의 근간이라는 점을 똑똑히 알아야 합니다. 다시 한번 말하겠습니다. 농업은 이 나라의 근간이고, 앞으로도 그럴 것입니다.*

* 하비아리마나의 〈1974년 5월 1일 연설〉의 일부 발췌. ; Philip Verwimp, 《Development Ideology, the Peasantry and Genocide : Rwanda Represented in Habyarimana's Speeches》, Yale Center for International and Area Studies, 1999. 원문 참조.

하비아리마나의 연설을 보며 어떤 생각을 하셨나요? 저는 이 연설을 읽고 온몸에 소름이 돋았습니다. 이 연설은 철저한 계산 하에 작성된 것이라는 걸 직감했기 때문이죠. 르완다의 인구 분포와 해당 인구가 가졌던 직업적 특성을 생각해보시면 됩니다. 르완다에 후투족, 투치족, 트와족이 있다고 이야기했습니다. 후투족은 주로 어느 분야에 종사했죠? 그들은 농업에 종사했고, 엘리트층에 들어가지 못했던 투치족들은 목축업에 종사했습니다. 그럼 이제 상황을 파악하셨으니, 한번 연설문에서 '농업' 그리고 '손'이라는 단어를 '후투족'으로 바꿔서 읽어보세요. 그럼 이런 내용이 될 것입니다. "과거 후투족은 배척당했습니다. 후투족은 르완다의 근간이 된다는 걸 기억해야 합니다. 반복합니다. 후투족은 이 나라의 근간이고, 앞으로도 그럴 것입니다."

의미 없는 말인 것 같아도 조금의 눈치를 가미해서 내용을 읽으면, 결국 연설가가 실제로 전하고자 했던 핵심 메시지가 무엇인지 파악할 수 있습니다. 저는 하비아리마나가 이 연설을 통해서 총 세 가지 메시지를 전하고 싶었다고 생각했습니다. 첫 번째는 후투족의 우월성을 알리는 것이고, 두 번째는 노동을 통한 국가개발의 중요성을 알리는 것이며, 세 번째는 노동자 편에 서는 단일정당을 만드는 것입니다.

르완다 사회 안에서는 그간 후투족과 투치족 사이에 끊임없는 학살이 오고 갔습니다. 이를 저지하는 데에 효과적인 방법이 있었습니다. 후투족에게 심리적 자긍심을 주는 전략이었습니다. 예를 들어, 어떤 사람이 "너는 이 나라의 근간이야." 라는 말을 들으면, 당사자는 순간 "제가 이 나라의 근간인가요?"라고 생각하며 행동거지를 조심하려는 모습을 보입니다. 그래서일까요? 일반화하기에는 어렵지만 그래도 놀라운 사실은, 실제로 하비아리마나가 대통령으로서 집권한 1980년대에 르완다 안에서 반투치 폭력 사태가 확연히 줄었다는 것입니다.

그뿐만이 아닙니다. 국가 안정화를 도모하기 위해서는 경제와 정치가 중요한데, 하비아리마나는 농업이 르완다 경제의 근간이라는 것을 강조했습니다. 그리고 농업을 통한 국가개발이 자신의 목표라는 것을 정치적으로 천명하고자, 그는 1978년 개헌을 통해 르완다 내 유일한 합법 정당을 '국가개발혁명운동MRND'으로 제한했죠.

위기, 후투 십계명과 르완다 대학살

말이 좋아서 농업을 통한 국가개발이지, 농업은 오히려 르완다 내 사회적 갈등을 일으키는 데에 큰 역할을 했습니다. 왜냐하면, 인구가 폭증하면서 땅이 점점 황폐해져 갔기 때문입니다. 1948년 르완다의 인구는 약 189만 명이었습니다. 그러나 1992년 르완다의 인구는 약 750만 명이었습니다. 그럼 한 번 생각해보십시오. 땅은 제한됐는데 인구는 점점 늘어나고 국민의 85%가 농부라면, 이는 무엇을 뜻할까요? 경작지 부족 현상과 작물 생산의 감소를 의미합니다. 즉, 경제적으로 문제가 발생하니 정부를 향한 국민의 불만도 커졌다는 것을 의미하죠.

바로 이때를 기다리고 있던 조직이 있습니다. 학살을 피하고자 우간다로 도망쳤던 투치족 난민 조직인 '르완다애국전선Rwandan Patriotic Front[RPF]'입니다. 르완다애국전선은 1987년 설립된 르완다의 반정부 세력인데, 지금은 실제로 르완다의 정당 중 하나로 존재합니다. 르완다애국전선은 우간다에서 난민으로 있으면서 언제건 다시 고향으로 돌아갈 날만 고대하고 있었습니다. 그러나 이를 위해서는 적절한 시점과 정치적 명분이 필요했는데, 이들은 하비아리마나 대통령을 향한 후투족의 불만이 점차 증가하는 것을 보며 "이쯤 되면 한번 공격을 시도해봐도 괜찮겠는데?"라고 생각하게 됩니다. 그리고 그 결과, 르완다애국전선은 1990년 10월 1일, 르완다를 공격하며 내전이 발발합니다.

하비아리마나 대통령은 르완다애국전선의 급습을 받자마자 프랑스와 벨기에의 지원을 받고 한 달 만에 르완다애국전선을 우간다로 몰아내는 데에 성공했습니다. 그러나 예상치 못했던 급습에 몹시 화가 났던 하비아리마나 대통령은 다시금 자신의 권력을 보호하고 후투족의 사기를 충전하고자 1990년 12월, 자신의 측근인 은게제를 통해 후투족을 위한 '후투 십계명'을《캉구라》라는 잡지에 발표했습니다. '후투 십계명'은 르완다 대학살을 일으킨 직접적 요인 중 하나입니다. 아래 '후투 십계명'을 살펴보죠.

1. 후투 남성은 투치 여성과 결혼해선 안 되며 고용해서도 안 된다.
2. 후투족은 우리네 후투 딸들이야말로 더 훌륭한 여자, 부인, 어머니가 될 수 있다는 사실을 알아야 한다.
3. 후투 여성이야말로 우리네 남편, 형제, 아들들을 일깨워 주는 존재다.
4. 후투족은 투치족과 사업을 해서도 안 되고 돈을 빌려줘서도 안 된다. 투치족의 목표는 오직 투치족 우월성을 고취하는 것이다.
5. 모든 전략적, 정치적, 행정적, 경제적, 군사적 요직은 후투족만이 누릴 수 있다.
6. 모든 교육 관련 서비스, 업무도 후투족이 수행해야 한다.
7. 르완다군은 오직 후투족으로 구성돼야 한다. 1990년 10월 전쟁의 교훈은, 르완다군은 오직 후투족과 결혼해야 한다는 것이다.
8. 후투족은 투치족에 자비를 베풀어서는 안 된다.

9. 후투족은 투치족을 적으로 여기고, 후투족 간 대동단결 해야 한다.
10. 후투족은 1959년의 르완다 혁명과 1961년의 국민투표를 후투의 사상으로 받아들이고, 이를 모든 후투에게 가르쳐야 한다.

'후투 십계명'을 보시면 아시겠지만, 이 계명들은 후투족으로 하여금 완전한 반투치족 세력이 되는 것을 강조합니다. 후투 극단주의자들은 그 누구보다 이 십계명을 반겼습니다. 드디어 르완다를 후투족만의 국가로 만들 수 있다는 생각에 들떴기 때문이죠. 그러나 '후투 십계명'을 보게 된 UN은 "이건 도를 넘었어. 너무 위험해."라고 아연실색하며 하비아리마나 대통령과 르완다애국전선 간의 협정을 추진했습니다. 그리고 국제 사회로부터 큰 비판과 압력을 받은 하비아리마나는 1993년 8월 르완다애국전선 지도자들을 만나 '아루샤 평화협정'을 체결하며 양측이 과도정부를 수립하는 것을 약속했습니다.

이 소식을 들은 후투 극단주의자들은 아루샤 협정을 체결한 하비아리마나에 배신감을 느끼며 이런 반응을 보였습니다. "뭐야! 네 입으로 말했잖아, 투치족에 자비를 베풀지 말라고! 배신자. 감히 국민과의 약속도 어기고 후투 십계명도 어겨? 넌 이제 죽었어." 그렇게 1994년 4월 6일, 후투 극단주의

자들은 하비아리마나 대통령을 암살하고 투치족을 학살하기 위한 구실을 만들기 위해, 하비아리마나 대통령과 부룬디의 은타리아미라 대통령이 타고 있던 비행기를 격추했습니다. 그리고선 이들은 르완다 내 유언비어를 퍼뜨리기 시작했습니다. "투치족이 하비아리마나 대통령이 타고 있던 비행기를 격추시켰다! 투치족을 죽여라!"

큰 희생 그러나 새로운 시작과 기회

후투 극단주의자들의 유언비어와 살인 조장 방송에 동요된 후투족은, 1994년 4월부터 7월까지 약 100일간 무려 80만 명의 투치족 그리고 투치족을 도왔던 후투족을 학살했습니다. 그러나 끝나지 않을 것만 같았던 이 학살도, 르완다애국전선이 1994년 7월 15일 르완다의 수도 키갈리를 점령하며 끝이 납니다. 물론, 말로는 표현할 수 없는 상처와 함께 말입니다.

르완다 대학살을 끝내는 데에 있어서 큰 역할을 한 사람이 있습니다. 르완다애국전선 출신의 폴 카가메입니다. 카가메는 르완다 대학살 이후 2003년부터 선거를 통해 대통령에 선출된 인물입니다. 카가메는 2015년 헌법 개정을 통해 2034년까지 대통령을 연임하는 방안을 마련했습니다. 사실 이런 모습만 보면, 르완다는 민주국가보다 독재국가로 분류될 수 있습니다. 민주주의의 꽃은 선거이자 다양성이기 때문이죠.

언젠가는 르완다도 다양성을 통한 멋진 민주정치를 활발히 펼칠 것이라고 믿습니다. 대한민국이 민주정치를 꽃 피우는 데에 시간이 좀 걸린 것처럼 말입니다. 그러나 이러한 사실을 알고 있음에도 불구하고, 여러분께 르완다의 케이스를 보여드린 데에는 이유가 있습니다. 르완다만큼 위기를 기회로 발전시킨 경우가 드물기 때문입니다. 르완다가 대학살 이후 어느 정도의 과도기를 거쳐 바로 시행했던 제도가 있습니다. 가차차Gacaca입니다. 가차차는 르완다의 전통 분쟁 해결 방법을 현대적으로 재정립한 것인데, 르완다 대학살에 가담했던 가해자들은 가차차를 통해 죄를 고백하고, 용서를 구하며, 형량을 선고받습니다. 물론, 피해자들에 의해서 말입니다.

그러나 놀라운 점은, 가차차를 통해 실제로 피해자들이 가해자들을 용서해주고, 가해자도 온 마음을 다해 눈물로 사죄하고 형을 달게 받는다는 것입니다. 르완다가 이 제도를 택했던 데에는 이유가 있습니다. 국민이 직접 사회적 통합에 참여하고 소통을 통해 서로 이해해야, 르완다 대학살 같은 비극이 다시는 벌어지지 않는다는 걸 깨달았기 때문입니다. 그간의 역사를 보면, 후투족과 투치족은 서로가 서로를 이해하려는 시도조차 하지 않았습니다. 증오에 휩싸였기 때문입니다. 그러나 지금의 르완다는 다릅니다. 국민이 사회적 통합에 적극적으로 참여하면서 평화로운 국가를 만들자는 의지가 만연하기 때문입니다.

그뿐만이 아닙니다. 르완다는 2003년 새로운 헌법을 만들 때 여성들에 의석의 30%를 할당한다는 의무할당제도 조항으로 넣었습니다. 르완다가 이런 결정을 내리게 된 데에는 이유가 있습니다. 르완다 대학살로 인구의 70%가 여성이 됐기 때문입니다. 어느 역사든 보면, 내전이나 유혈사태를 겪고 난 이후에는 남성의 수가 줄어드는 경향이 있습니다. 싸울 수 있는 주체와 가장을 없애야, 가문 전체를 멸할 수 있기 때문입니다. 그래서 국제형사재판소International Criminal Court[ICC]의 설립을 규정하는 《로마 규정Rome Statute》의 제7조는 '절멸Extermination' 즉 종의 멸종을 '인도에 반한 죄'로 규정합니다. 대를 끊는 것만큼 잔인하고 악독한 범죄가 없기 때문입니다.

대학살 당시 투치족 여성들은 너무나 고통스러운 피해를 경험해야 했습니다. 후투족의 성폭행과 학살로 원치 않는 임신, 원치 않는 출산, 그리고 사랑하는 남편이 살해당하는 것을 직접 목격했기 때문입니다. 이 이유로, 르완다는 여성을 국가 재건에 꼭 필요한 핵심 인물로 봤습니다. 그래서 르완다의 헌법은 다른 나라의 헌법들과는 달리 상당히 진보적입니다. 성평등을 기반으로 한 성인지적 헌법을 만들었기 때문입니다.

우리가 답하고자 한 질문은 '위기가 민주주의를 발전시킬 수 있는가?'입니다. 사람마다 민주주의의 매력을 다르게 말합니다. 그러나 적어도 저에게 있어서 민주주의의 핵심은 다음과 같습니다. 바로 국민에게 주어지는 '참여'라는 기회입니다. 르완다 국민은 벨기에의 식민지였을 당시 그리고 하비아리마나 정권이었을 당시, 단 한 번도 제대로 된 정치적 기회를 누려본 적이 없습니다. 그러나 아이러니하게도, 르완다 국민들이 정치와 사회에 참여할 기회를 얻게 된 것은 르완다 대학살 이후부터입니다. 가차차를 통해 다양한 사회 구성원들의 통합을 이루려고 노력한 점. 여성할당제를 통해 여성이 국가 재건의 핵심이 된 점. 아직 갈 길이 멀더라도, 이 점들만큼은 분명 위기를 통한 민주주의의 발전 그리고 새로운 기회의 창출이라고 말할 수 있지 않을까요?

Question 10

조직은 어떻게 권력을 유지하는가?

힌트

"정말 결백하십니까?"

- 이 질문은 제삼의 조직 즉 외부 세력이 어떤 이의 목표를 어떻게 직간접적으로 달성하는지 살펴보는 데에 도움이 되는 질문입니다.
- 이 질문만큼은 전략적 그리고 구조적 시야를 벗어나, 세계시민으로서의 책임감을 느끼며 다시는 반인륜적인 역사가 되풀이되지 않아야 한다는 마음가짐으로 읽으시길 추천해드립니다.

방관

히틀러와 에비앙 회담

힘 그리고 조직의 종류

저에게 있어서 힘 즉, 권력은 크게 두 가지를 의미합니다. 하나는 자신이 원하는 것을 유도하는 힘이고, 다른 하나는 권리를 지키는 힘입니다. 그런데 또 한 가지 흥미로운 사실은, 힘은 절대 혼자서는 키울 수 없다는 것입니다. 힘을 키우거나 유지하는 데에는 조직 즉 집단이 필요합니다. 조직 혹은 집단에는 주로 두 가지 종류가 있습니다. 하나는 뜻을 함께 도모하는 내부적 조직이고, 다른 하나는 이 뜻이 이루어져도 크게 피해를 보지 않는 외부적 집단입니다.

쉬운 예로, 제2차 세계대전 당시 독일 나치당의 친위대(SS)를 생각해보시면 됩니다. 히틀러가 힘을 키울 수 있었던 데에는 참모 즉 측근들의 조직적 지원이 있었기에 가능했습니다. 그럼 후자는 어떨까요? 후자는 어떤 이의 뜻이 이루어져도 크게 피해를 보지 않는 외부 세력입니다. 후자와 같은 종류의 집단 혹은 세력이 필요한 데에는 이유가 있습니다. 자신이 원하는 힘을 합법적으로 얻기 위해서는, 정당성 즉 어떤 결정을 실행에 옮겨도 큰 문제가 없다는 제삼자의 간접적 승인을 확보하는 게 유리하기 때문입니다.

제2차 세계대전의 주범인 히틀러는 순수 혈통으로만 이루어진 독일을 만들고자, 600만 명이 넘는 유대인을 학살한 홀로코스트Holocaust를 자행했습니다. 세계 역사에 있어서 다시는 홀로코스트와 같은 참혹한 비극이 반복되지 않아야 합니다. 이를 기억하기 위해, 전 세계인은 히틀러가 어떻게 권력을 잡았는지, 나치당이 무엇을 했는지, 그리고 전쟁 범죄자들이 어떤 처벌을 받았는지에 대해 배웁니다. 그러나 이와 더불어, 우리 모두가 꼭 기억해야 하는 사실이 한 가지 더 있습니다. 그것은 다름 아닌, 국제 사회 즉 외부 세력의 집단적 방관입니다.

셈의 후예 Semites

하미틱 신화를 기억하시나요? 우리는 '위기는 민주주의를 발전시킬 수 있는가?'라는 이전 질문을 통해 셈, 함, 그리고 야벳의 이야기를 봤습니다. 하미틱은 '함으로부터 유래한'이라는 의미를 지니고, 함의 후예는 아예 '함족Hamites'이라고 불린다는 점을 말씀드렸습니다.

그런 의미에서 한번, 이 단어도 살펴보시길 바랍니다. Semites. 어딘지 모르게 함족인 Hamites와 관련이 있을 것 같다는 생각이 드시나요? 잘 보셨습니다. 추측하신 것처럼 Semites는 셈의 후예인 셈족을 의미합니다. 셈은 함의 형제였고, 그는 함과는 다르게 노아의 나체를 옷으로 가려줬던 아들입니다. 유럽의 제국주의자들이 함의 후예를 르완다의 투치족처럼 생긴 아프리카인으로 봤다면, 셈의 후예는 유대인으로 봤습니다. 그래서 영어로 Semites는 셈족의 자손인 유대인을 의미하고, 유대인에 대한 증오를 표출하는 반유대주의는 '안티세미티즘Anti-Semitism'이라고 불립니다.

독일은 제1차 세계대전에서 패한 이후 유달리 반유대주의 성향을 보이기 시작했습니다. 물론, 중세유럽서부터 이어져온 반유대 사상도 한몫했습니다. 그러나 20세기 초반에 등장한 독일에서의 반유대주의는 우리가 상상하는 수준 그 이상의 이유로 등장했습니다.

반유대주의가 통했던 이유

독일은 19세기 후반경 철혈 재상으로 알려진 비스마르크Otto Eduard Leopold von Bismarck에 의해 39개의 연방으로 분리됐던 독일제국을 하나로 통일합니다. 독일을 하나로 통일했던 비스마르크에게 있어서 가장 필요했던 것이 있습니다. 자본입니다. 비스마르크가 자본이 필요했던 데에는 이유가 있습니다. 19세기 후반의 초강대국은 영국이었는데, 독일이 영국을 상대로 경쟁력을 발휘하기 위해서는 경제뿐 아니라 군사력도 키워야 했기 때문입니다.

자본을 논하는 만큼, 전략적으로 생각해보는 시간을 가져볼까 합니다. 당시의 유대인이라고 가정해보시면 좋을 것 같습니다. 여러분께서는 그간 오랫동안 서유럽을 떠나 동유럽과 러시아에 있었습니다. 흑사병 창궐 시기 군중의 마녀사냥을 피하고자 저 멀리 동쪽으로 피신했기 때문입니다. 그런데 비스마르크가 독일을 통일하고 나니, 막상 독일에 제일 필요한 존재는 자본가들인 유대인이 됐군요. 그뿐만이 아닙니다. 1880년대에 들어서는 러시아의 황제였던 알렉산드르 2세가 암살당하는데, 당시에는 이 암살자가 유대인이라는 거짓 소문이 퍼지기 시작했습니다. 이 이유로, 러시아에서는 수많은 유대인이 학살의 희생자가 됐고, 이때부터 유대인들에게는 '생존'이라는 키워드가 인생의 핵심 목표가 됩니다. 그럼 이는 무엇을 의미하겠는지요? 이는 즉 필요한 존재가 되면 생존의 확률도 올라가니, 유대인들이 동유럽과 러시아를 떠나 다시 독일 즉 서유럽으로 귀환했다는 것을 의미합니다.

유대인은 전통적으로 금융업과 무역업에 강점을 두고 있습니다. 그래서 독일은 이들의 자본과 무역 활동을 통해 순식간에 유럽 내 초강대국 중 하나로 등극할 수 있었습니다. 그러나 1918년, 독일에 큰 위기가 찾아왔습니다. 독일제국이 붕괴했기 때문입니다. 본래 독일제국은 제1차 세계대전에 참전할 당시, 전쟁이 이렇게까지 오래 지속될 것이라는 생각은 못 했습니다. 그러나 독일의 참전으로 가장 큰 피해를 봤던 집단이 있었으니, 그것은 다름 아닌 노동자 집단입니다.

노동자들은 독일군 징집 대상의 1순위였을뿐 아니라, 그동안 받았던 임금의 1/2만 받으며 생활을 꾸려나가야 했습니다. 그러던 와중 1917년, 볼셰비키 혁명으로 세워진 러시아의 사회주의 정부는 독일에 휴전, 평화협정 체결을 제안했습니다. 독일은 명목상 러시아와 1917년 12월 휴전했습니다. 그러나 독일 정부가 진짜 의도했던 건 따로 있었습니다. 이들은 휴전을 빌미로 공격적인 모습을 숨기면서, 스위스 국경서부터 프랑스 북부 그리고 벨기에의 해안까지 뻗어있는 서부전선을 공격할 계획을 세우고 있었습니다.

사실 이미 제1차 세계대전은 1917년 미국이 연합국(러시아, 프랑스, 영국 등등)으로 참전하면서 전세가 기울었습니다.

그래서 1918년 상반기만 해도 독일의 패전은 사실상 확정됐습니다. 그럼에도 불구하고 독일은 1918년 10월 영국의 해군을 공격하라는 명령을 내렸는데, 명령을 전달받은 독일 해군의 병사들과 노동자들은 "이건 나가서 싸우는 게 아니고 죽는 것과 다름없다!"라고 반발하며 1918년 11월 혁명을 일으켰습니다. 그리고 이를 계기로, 독일제국은 몰락하며 제1차 세계대전은 그렇게 종식하게 됩니다.

사실 러시아 볼셰비키 혁명을 일으킨 인물 중 아주 핵심적 역할을 맡았던 사람들, 예를 들어 레온 트로츠키Leon Trotsky는 유대인이었습니다. 그런데 독일로 다시 돌아온 유대인들도 어디서 왔죠? 그들은 동유럽과 러시아에서 왔습니다. 당시의 유럽에는 약 1천 200만 명의 유대인이 있었습니다. 그리고 그중 절반은 러시아에 있었죠. 그럼 이 모든 상황을 철저히 정치적으로 활용한다고 생각해보십시오. 음모를 꾸미는 잔인한 정치인은 이런 생각 회로를 갖게 될 것입니다. "생각해보니 유대인은 러시아에서 왔고, 러시아에는 사회주의 정부가 탄생했고, 사회주의는 혁명이랑 연결되는군. 그래서 혁명은 독일의 패전을 일으켰고."

이것이 바로 히틀러의 생각 회로입니다. 히틀러는 개인적으로도 아주 오래전부터 반유대주의자였습니다. 그러나 독일이 여러 정치적 위기를 겪은 이후부터는, 히틀러를 비롯한 독일 내 극우세력이 무의식적으로 유대인을 사회주의 그리고 독일의 패망과 연결 지으려 했습니다. 그리고 그 결과, 히틀러와 극우 집단은 점점 유대인을 향한 증오심을 품었습니다. 유대인이 독일 노동자들 그리고 군인들에 사회주의 바람만 넣지 않았어도, 독일이 혁명으로 제국의 몰락을 경험하지는 않았을 터이고, 전쟁에서 패하는 일은 더더욱 없었을 것이라고 믿으면서 말이죠.

정치적인 이유로 반유대주의가 힘을 얻게 된 점도 있지만, 경제적인 이유도 반유대주의를 확산하는 데에 큰 영향을 끼쳤습니다. 1919년 체결된 베르사유 조약으로, 독일은 패전국으로서 큰 전쟁 배상금을 지급해야 했습니다. 그러나 1929년 미국발 세계 대공황을 겪으며, 독일 경제는 또 다른 위기에 봉착했습니다. 독일은 종전 후 사회민주당이 권력을 잡았습니다. 사회민주당을 지지하는 세력은 주로 노동자였습니다. 이는 즉 종전 후 탄생한 바이마르 공화국의 새 정부가 노동자들의 환심을 사기 위해서라도 노동자를 위한 복지정책을 펼쳤다는 걸 의미합니다. 사실 복지는 정부가 충분한 예산을 확보하고 있을 때 그 효과를 발휘할 수 있습니다. 그러나 독일은 전쟁 배상금을 내기 위해 이미 엄청난 양의 마르크화를 찍어내고 있었습니다. 여기서 질문을 드려보겠습니다. 이럴 때 엎친 데 덮친 격으로 대공황이라는 위기가 닥치면, 나라의 경제가 어떻게 될까요? 이때는 인플레이션으로도 모자라 초인플레이션의 영향으로, 마르크화 즉 당시 독일 화폐의 가치가 폭락하면서 나라가 거의 침몰할 위기에 있었다는 것을 의미합니다.

만약에 마르크화가 아닌 달러, 외화, 혹은 부동산을 가지고 있으면, 이때는 어느 정도의 경제적 타격을 피할 수 있긴 합니다. 하락하는 마르크화의 가치에 비해 외화의 가치는 상대적으로 높아서, 소량의 외화만으로도 다량의 마르크화를 확보할 수 있기 때문이죠. 그러나 결국 외화를 보유하려면 주로 은행업, 금융업, 무역업에 종사해야 합니다. 왜냐하면, 해외와 교류가 잦아야 쉽게 외화를 확보할 수 있기 때문입니다. 문제는 독일 안에서 이런 직군에 있던 사람들이 대부분 유대인이었다는 것입니다. 그러나 우리가 알아야 하는 사실은, 유대인 중에서도 아주 소수의 유대인만이 이 직군에서 거대한 부를 거머쥐고 있었다는 것입니다. 이는 즉 실제로 대부분의 유대인은 독일 노동자들처럼 대공황으로 인해 큰 경제적 고통을 겪었다는 것을 의미합니다.

그러나 히틀러에게는 희생양이 필요했습니다. 그래서 이 모든 것을 고려해봤을 때, 히틀러는 반유대주의를 통한 독일 민족의 부흥만이 모든 독일 국민의 공감을 살 수 있는 정치적 이념이라고 판단했습니다. 그리고 그 이유로, 그는 반유대주의, 반사회주의, 반공산주의를 정치적으로 악용하며 독일 국민으로부터 압도적인 지지를 얻기 시작했습니다. 바로 이렇게 말하면서 말입니다. "타협이란 있을 수 없습니다. 우리에게는 오직 두 개의 가능성만이 존재합니다. 하나는 아리아인의 승리 혹은 아리아인의 죽음이며, 다른 하나는 유대인의 승리입니다." *

뉘른베르크 법, 피와 명예 그리고 시민

1933년 1월, 나치당의 당수였던 히틀러는 당시 독일 대통령이었던 파울 폰 힌덴부르크Paul von Hidenburg에 의해 총리로 임명됩니다. 이때만 하더라도 히틀러는 독재자가 아니었습니다. 독일은 엄연히 민주주의 헌법과 체계를 갖춘 국가로서 법을 준수해야 했기 때문입니다. 그러나 같은 해 2월에 독일의 의회에서 방화가 발생했었으니, 히틀러는 이 사건을 계기로 좌익 세력의 정적들을 체포하고 3월에는 아예 '전권 위임법'을 만들어 의회의 입법권을 행정부 즉 총리인 자신에 위임하는 법을 통과시켰습니다. 전권 위임법이 얼마나 무서운 법인지 모릅니다. 이 법은 '비상 상황'이라는 명분 아래, 총리가 의회의 견제 없이 국민의 권리를 박탈시킬 수 있기 때문입니다.

히틀러가 진정한 독재자로 등극한 것은 1934년입니다. 힌덴부르크 대통령이 같은 해 8월 2일 서거하며, 히틀러는 8월

* 히틀러의 〈1922년 4월 12일 연설〉의 일부 발췌. ; Adolf Hitler, 《My New Order》, Raoul de Roussy de Sales, Reynal & Hitchcock, 1941. 원문 참조.

19일에 치러진 국민투표와 함께 총리와 대통령을 겸하는 '총통' 즉 퓨러Führer가 됐기 때문입니다. 히틀러는 정치를 시작할 때부터 언제나 늘 순수 독일인만을 위한 독일을 만들고 싶어 했습니다. 그리고 실제로 1933년, 그가 제도권 안에 들어오며 가장 먼저 통과시켰던 법들이 있었으니, 그것은 바로 관료 추방법과 유전병 자손 방지법입니다. 관료 추방법은 관료 자신이 아리아인이라는 것을 증명하지 못하면 관직을 박탈당하는 법입니다. 그리고 유전병 자손 방지법은 장애인과 소수 인종 등에 불임수술을 가해 그들이 더 이상 대를 잇지 못하도록 만든 법이었죠.

인간으로서 어떻게 이런 생각을 할 수 있는지 모르겠습니다. 그런데 이런 반인륜적이면서도 극악무도한 법들을 통과한 것도 모자라 히틀러가 독일의 총통이 돼서는 더 무서운 법을 만들었으니, 그것은 다름 아닌 뉘른베르크 법입니다. 뉘른베르크 법은 1935년 9월, 히틀러가 나치당의 뉘른베르크 전당대회에서 처음으로 공개하며 전 세계에 알려졌는데, 이 법은 크게 '독일 혈통과 명예를 보호하는 법' 그리고 '제국 시민법'으로 나뉩니다. '제국 시민법'은 골자가 간단합니다. 결국 독일 아리아인만이 독일의 시민이라는 것입니다. 그러나 '독일 혈통과 명예를 보호하는 법'은 이보다는 좀 더 복잡한데, 이 법의 핵심은 하나입니다. 아리아인은 유대인과 결혼하지 말고 관계도 갖지 말라는 것입니다. 그 이유에 대해 나치당은 하나의 답만 내놓습니다. 아리아인의 존속을 위해서는 피가 더럽혀지면 안 된다는 것입니다. 그러나 여기서 더 무서운 사실은, 독일인의 혈통을 보호하기 위해 나치당이 유일하게 허락했던 유대인의 권리가 있었다는 것입니다. 그런 점에서 이 법의 제4조 2항을 살펴보시죠.

'독일 혈통과 명예를 보호하는 법'의 제4조 2항은 이렇습니다. "유대인은 유대인의 상징을 전시할 수 있다. 국가는 이에 해당하는 권리 행사를 보호한다." 여러분은 이 조항이 무엇을 뜻한다고 보시나요? 저는 이 조항을 보자마자 히틀러와 나치당이 정말 잔인하다는 것을 다시 한번 깨달았습니다. 이 조항은 결국 유대인에게 "당신이 실수로라도 유대인인 것을 표시하지 않아서 우리 아리아인의 혈통과 명예가 무너진다면, 그 끝이 어떨지는 알아서 생각하시오."라는 경고를 보내는 것과 똑같기 때문입니다.

뉘른베르크 법이 제정되기 이전부터 유대인들은 이미 여러 측면에서 탄압받고 있었습니다. 그러나 이 법이 제정된 이후에는 경제적, 사회적, 그리고 정치적인 측면에서 더 큰 탄압을 받았습니다. 법에 조금이라도 접촉하는 자는 감옥, 강제수용소에 보내졌고, 독일인 중 그 누구도 유대인과 가까이하지 않으려 했기 때문이죠. 사는 게 너무 지옥 같아서 다른 나라로 가려고 해도, 유대인들은 국경을 넘어야 할 때 거의 전 재산을 출국용 세금으로 내야 했습니다. 어디 그뿐인가요? 각국은 돈 없고 나이 많은 유대인에게는 비자도 내주지 않았습니다. 정말이지, 이것만큼 서러운 게 없습니다. 사람 위에 사람 없고 사람 밑에 사람 없는데, 사회적 약자는 도망도 못 가니 이 얼마나 통탄스럽단 말인가요.

방관과 방임 사이, 에비앙 회담

히틀러는 본래 독일 태생이 아니라 오스트리아 태생입니다. 그런데 그런 그가 1938년 3월, 오스트리아를 독일에 합병합니다. 오스트리아 합병 이전서부터 유대인들은 전 세계에 문을 두드렸습니다. 정치적 난민으로서 입국을 허락해달라고 간곡히 요청하면서 말이죠. 사실 이때까지만 해도 각국의 정부는 별다른 행동을 취하지 않았습니다. 그러나 독일의 오스트리아 합병은 전 세계의 이목을 끌기에 충분했습니다. 예상과는 달리 오스트리아 국민이 독일 국민보다 더 잔인하게 유대인을 박해함과 동시에 히틀러를 찬양하는 것을 보며, 국제 사회는 경악을 금치 못했기 때문입니다.

국제 사회에서 가장 처음으로 목소리를 냈던 건 미국의 프랭클린 루즈벨트Franklin D. Roosevelt 대통령입니다. 미국은 1929년 대공황의 여파로 고립주의 노선을 택했습니다. 대외적으로 국가적 영향력을 펼치기보다 국내 경제를 일으켜 미국의 내실을 하루빨리 도모하자는 전략을 세웠기 때문입니다. 그러나 나날이 늘어나는 유대인의 비자 신청과 독일, 오스트리아에서 벌어지고 있는 나치의 만행을 보고 루즈벨트 대통령은 1938년 3월 18일 내각을 소집했습니다. 미국 의회의 권한으로 이민법을 개정해서, 탄압받고 있는 유럽 유대인의 미국 입국을 제도적으로 보장해주는 것이 어떻겠냐고 참모들에게 묻기 위해서였죠.

루즈벨트의 제안은 오직 두세 명의 참모들로부터만 지지를 받았습니다. 나머지는 반대 의견을 내비쳤습니다. 두 가지 이유 때문입니다. 하나는 이미 고립주의 노선을 택한 미국 의회가 입국 쿼터Quota를 올릴 확률이 아주 낮고, 다른 하나는 행정부가 입법부를 압박하면 압박할수록 의회는 유대인뿐 아니라 아예 모든 외국인의 입국을 막을 수 있다는 것이 핵심 우려였기 때문입니다. 국내에서는 이 문제를 해결하기 어렵다고 판단한 루즈벨트 대통령은 에비앙 회담Évian Conference을 국제 사회에 제안하기에 이릅니다. 유대인의 문제는 정치적인 문제이기도 하지만 국제 인권 문제이기도 하니, 국제 사회가 함께 머리를 맞대면 답이 나올 것이라고 믿었기 때문입니다.

에비앙 회담은 1938년 7월 6일부터 15일까지 프랑스의 대표적 휴양도시인 에비앙에서 열렸습니다. 이 회담에는 총 32개국, 24개의 참관 기관(옵서버), 그리고 200명의 기자들이 참석했습니다. 32개의 국가 중 발언의 영향력이 가장 컸던 국가들은 미국, 영국, 프랑스, 캐나다, 호주, 그리고 도미니카 공화국이었습니다. 결론부터 이야기하자면 에비앙 회담은 유대인에 더 큰 박해, 심지어는 홀로코스트를 자행해도 국제 사회가 할 수 있는 것은 마땅히 없다는 것을 히틀러에게 직간접적으로 알려 준 회담입니다. 이 회담만큼 국제 사회가 함께 기록한 세계적 오점이 어디에 있을까 싶습니다. 말로만 난민 수용의 필요성을 강조하고 자국을 자랑했지, 한 국가를 제외하곤 그 누구도 정작 도움의 손길을 뻗지 않았기 때문입니다.

회담에서 오고 간 주요국의 핵심 발언은 외교적 미사여구가 가득합니다. 그러나 당시의 상황을 여러분께 적나라하게 보여드리기 위해, 미사여구를 쏙 뺀 현실적 메시지를 구어체로 보여드리겠습니다. 다음은 주요국의 핵심 메시지입니다. "난민 수용, 정말 지당하신 말씀입니다. 암요. 그 마음, 충분히 이해합니다. 그런데, 여러분. 잘 아시지 않으십니까? 지금 저희 상황도 만만치가 않습니다. 지금 우리 국민 챙기기도 너무 버겁습니다. 그냥 솔직하게 말씀드릴게요. 여기 미국 대표단 오셨죠? 막말로 미국에서 대공황만 일어나지 않았어도, 아마 여기 계신 분들 전부 다 난민 수용하셨을 겁니다. 안 그런가요? 근데 지금 대공황의 여파로 우리 국민 실업률이 얼마나 높은지 모르겠습니다. 난민을 받으면, 국내에 어떤 문제가 생길지 누가 어떻게 아나요? 굳이 외부인 들여서 우리 사회에 또 다른 문제 만들고 싶지 않습니다. 그러지 말고, 우선 이번 회의는 이 정도로만 하고 난민 이야기는 다음에 또 하시죠?"

이것이 32개의 국가 중 31개의 국가가 내뱉었던 말입니다. 물론, 어느 정부든 위기가 닥칠 때는 국내 사정을 먼저 생각하게 됩니다. 대내적 안정을 추구해야 대외적으로도 안정을 추구할 수 있다고 생각하기 때문이죠. 그런데 도미니카 공화국은 좀 달랐습니다. 그들은 에비앙 회담에서 이렇게 말했기 때문입니다. "도미니카 공화국은 그간 농업 발전에 힘써왔습니다. 그런 점에서, 우리 정부는 독일과 오스트리아에서 농업 전문가로 종사했던 유대인 망명자들이 도미니카 공화국에 잘 정착할 수 있도록 돕고자 합니다. 또한, 우리 정부는 특별히 망명자 중 도미니카 공화국 국민에 과학 지식을 나누고 가르칠 수 있는 사람들도 선별해 도미니카 공화국에 정착할 수 있도록 돕고자 합니다."*

UN의 공식 서류 S543/2/1은 에비앙 회담에서 오고 간 모든 내용을 하나도 빠짐없이 기록한 회의록입니다. 앞서 보여드린 도미니카 공화국의 발언은 중요한 부분만 일부 요약, 번역한 것입니다. 이 메시지만 보면 "다른 나라들이 우물쭈물하고 있을 때 그래도 도미니카 공화국은 유대인을 받아줬구나. 좋은 나라네."라고 생각하셨을 수도 있습니다. 결과적

* 에비앙 회담, 1938년 7월 9일 토요일 오전 11시에 기록된 회의록. ; United Nations, 《Conference at Evian(S543/2/1)》, United Nations, 1938. 원문 참조.

으로는 실제로 도미니카 공화국이 10만 명의 유대인을 받아줬으니, 이들은 약속을 이행한 것은 분명합니다. 그러나 정작 에비앙 회담에 참석했던 사람들의 반응은 차가웠습니다. 왜냐하면, 그들은 이미 알고 있었기 때문입니다. 도미니카 공화국의 라파엘 트루히요 대통령이 1937년에 일어난 아이티인 학살을 무마하기 위해 에비앙 회담을 정치적으로 이용했다는 것을요.

히틀러가 본 세상, 아무도 그들을 원치 않는 세상

히틀러는 국제 사회가 독일의 오스트리아 합병을 비난하는 것을 보며, 1938년 3월 25일 독일 쾨니히스베르크에서 이런 연설을 했습니다. "전 세계 언론은 우리에게 묻습니다. '독일이여, 왜 이 일을 평화적으로 해결할 수는 없었는가?' (…) 나는 주장합니다. 그렇게 유대인에 동정심을 갖고 연민을 갖는 국제 사회라면, 제발 국제 사회가 이 불쌍한 유대인들을 인간 구실 할 수 있도록 돕길 희망하고 또 고대한다고 말입니다. 나는 유대인들을 비싼 배에라도 태워 어디에든 보낼 준비가 되어있습니다. 그리고 나는 당신네들이 유대인과 무엇을 하든 내버려 둘 준비도 되어있습니다."

그렇게 몇 개월 뒤, 히틀러는 프랑스에서 열리고 있던 에비앙 회담을 주시하기 시작합니다. 국제 사회가 정말로 유대인을 보호하려고 하는지 보기 위해서였죠. 그러나 에비앙 회담의 마지막 회의가 끝나기도 전인 1938년 7월 13일, 히틀러는 '민족의 관찰자'라는 이름의 나치당 기관지인 《푈키셔 베오바흐터Völkischer Beobachter》를 통해 이런 제목의 기사를 냅니다. '아무도 그들을 원하지 않는다.'

에비앙 회담을 계기로 세상 그 누구도 유대인을 원치 않는다는 확신에 찬 히틀러는 1938년 11월, 나치당의 돌격대를 시켜 11월 9일 밤과 10일 새벽 사이 유대인의 상점, 집, 예배당을 모두 불태워 없애고 유대인을 체포하라는 명령을 내렸습니다. 그리고 그렇게, 그날의 일은 세계사에 '수정의 밤Kristallnacht'으로 기록됩니다. 수정의 밤 이후, 히틀러는 심상치 않은 내용이 담긴 경고 메시지를 1939년 1월의 연설을 통해 공개했습니다. "나는 다시 한번 예언합니다. 유럽 안과 밖의 유대인들이 이 지구상의 사람들을 다시 한번 전쟁에 몰아넣는다면, 그 결과는 전 세계의 공산화가 아닌 유대인의 승리를 의미할 것입니다. 그러나 이는 유럽에서 유대인의 전멸을 의미하기도 합니다." 이 연설을 한 이후, 히틀러는 몇 개월 뒤 폴란드를 침공하며 제2차 세계대전을 일으켰습니다. 그리고 홀로코스트는 그렇게 시작됩니다.

그 누구도 주장할 수 없는 결백

우리가 답하고자 한 질문은 이렇습니다. '조직은 어떻게 권력을 유지하는가?' 길게 말하지 않겠습니다. 히틀러 그리고 나치당이 힘을 유지하고 공고히 하는 데에 있어서 큰 힘을 실어준 건, 국제 사회라는 외부적 집단의 방관 그리고 방임도 한몫했습니다.

조직은 집단입니다. 그리고 집단에는 두 종류가 있습니다. 내부적 집단과 외부적 집단입니다. 내부적 집단은 실제로 힘을 공고히 하는 데에 있어서 직접적인 영향을 발휘합니다. 그러나 초반에도 말씀드렸듯, 내부의 힘만 가지고는 더 큰 힘을 키울 수 없습니다. 힘을 극대화하고, 그 무엇보다 힘을 오랫동안 유지하기 위해서는 공신력을 갖춘 외부 집단의 승인 즉 합법적 정당성이 필요합니다. 히틀러에게 필요했던 정당성은 오직 하나였습니다. 바로 이런 정당성이죠. "뭐야, 내가 분명히 경고했는데도, 에비앙 회담에서 별 이야기가 없잖아? 그럼 이건 아무도 유대인을 원하지 않으니 내가 다 알아서 해도 된다는 거네? 그래, 아주 잘 알아들었어."

히틀러는 '시그널'을 받았다고 생각하고 자신이 원하는 대로 극악무도한 계획들을 이행해나갔습니다. 그러나 그 결과, 우리는 제2차 세계대전과 홀로코스트라는 대참사를 겪어야 했습니다. 몇몇 사람들은 말합니다. "직접적으로 잘못을 저지른 게 아니면, 괜찮지 않을까?" 글쎄요. 과연, 이 일들이 일어난 것에 대해 우리 그리고 전 세계는 정말 아무런 죄가 없다고 자신할 수 있을까요? 다른 건 모르겠습니다만, 이것 하나만큼은 확실히 말할 수 있다고 봅니다. "직접적으로 잘못하지 않았어도 내 코가 석 자라는 이유만으로 방관한 것이라면, 그 누구도 자신에게 죄가 없다고 쉽게 결백할 수는 없을 것 같습니다."

6장

평화는 지속할 수 있는가?

20세기

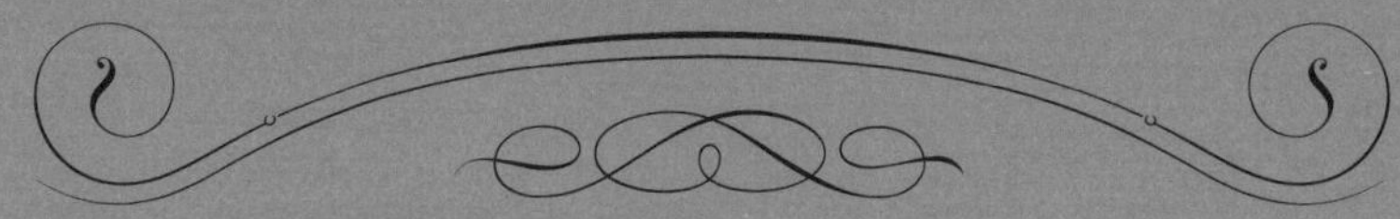

Question 11

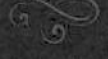

왜 어떤 전쟁은 끝나지 않는가?

힌트

"둘 중 하나가
압도할 때까지는..."

- 이 질문은 평화를 이루는 세 가지 방법을 배우고 이 방법이 잘못 사용될 경우, 이해관계자 간의 갈등이 어떻게 발생할 수 있는지 살펴보는 데에 도움이 되는 질문입니다.
- 힘에는 양적인 힘과 질적인 힘이 있습니다. 감정은 셀 수 없는 힘 즉 질적인 힘 중에서도 가장 강력한 힘을 지닙니다. 이 점을 염두에 두시며 '협상', '세력 균형', 그리고 '결정적 승리'라는 키워드에 초점을 맞춰 흐름을 파악하시면 좋습니다.

압도

이스라엘과 팔레스타인

기사에 자주 보이는 단어

세상의 흐름을 파악하는 데에 큰 도움이 되는 습관은 뉴스를 자주 보는 것입니다. 국내 뉴스도 중요하지만, 거시적인 시점에서 세상의 흐름을 파악하기 위해서는 국제뉴스를 접하는 것도 매우 중요합니다. 저는 이런 방법으로 해외 기사를 읽어보시기를 추천하고 싶습니다. 기사에 반복적으로 등장하는 단어를 찾아내는 것입니다.

국가마다 기사 혹은 칼럼 작성에 자주 사용하는 단어가 있습니다. 통계적으로 입증해본 적은 없지만, 제가 느꼈을 때 미국은 '사람들people', 일본은 수도인 '동경東京', 그리고 영국은 '빅토리안Victorian'이라는 단어를 자주 쓰는 것 같습니다. 이런 단어들을 보면, 그 나라가 무엇을 중시하는지 어느 정도 감을 잡을 수는 있습니다. 일례로, 미국은 민중 기반의 정치를 중시하고, 일본은 중앙집권적 행정을 중시하며, 영국은 정책의 성공 여부를 과거 빅토리아 시대와 비교하는 경향이 있습니다.

이스라엘과 팔레스타인도 자주 쓰는 단어가 있습니다. 이 둘은 특히 이스라엘-팔레스타인 분쟁과 관련한 기사 그리고 각 정부의 성명서를 통해 입장을 표명하는데, 이스라엘은 주로 승리victory 혹은 결정적 승리decisive victory라는 단어를 사용하고, 팔레스타인은 학살genocide 혹은 학살 선동genocidal incitement이라는 단어를 자주 사용하는 경향이 있습니다.

고등학생 때부터 지금까지 적어도 1년에 몇 번씩은 이스라엘-팔레스타인 분쟁과 관련한 기사를 찾아 꼼꼼히 읽어왔습니다. 그때부터 지금까지 제가 기사에서 찾은 '승리' 그리고 '결정적 승리'라는 단어는 적어도 수백 번이 넘었죠. 하루는 이러한 현상을 발견하고 좀 이상하다는 생각이 들었습니다. 정말로 양측간의 분쟁에서 이스라엘이 결정적 승리를 이룬 것이라면, 이미 모든 결말이 나서 또다시 승패를 가릴 일이 없을 텐데, 이 둘은 아직도 분쟁을 이어 나가고 있기 때문이죠. 그럼 도대체 이 둘 사이의 싸움은 왜 멈추지 않는 것일까요?

싸움을 끝내는 세 가지 방법

전략학에서는 전쟁 혹은 싸움을 끝내는 방법을 크게 세 가지로 나눕니다. 하나는 협상이고, 다른 하나는 세력 균형이며, 마지막은 압도적 승리입니다. 전쟁이라는 표현을 쓰면 피부에 와닿지 않을 수도 있으니, 전쟁을 그저 사람 대 사람 간의 다툼으로 간주해보겠습니다. 그리고 적이라는 개념은 여러분이 별로 좋아하지 않는 상대라고 가정해보도록 하죠. 자, 한번 이렇게 생각해보시길 바랍니다. 내가 싫어하는 사람이 있는데 이제 더 이상 그 사람과 싸우고 싶지 않습니다. 이때 가장 간단한 방법은 회피입니다. 그러나 안타깝게도 간혹 우리에게는 회피할 수 없는 상황도 생깁니다. 가족처럼 평생 봐야 하거나 거주 지역이 붙어 있어서 이사할 수 없을 때가 그렇습니다. 그럼 이렇게 회피할 수 없을 때는 다른 방법을 선택해야 하는데, 그것은 바로 협상입니다.

협상을 하기 위해서는 제안을 해야 합니다. 사이좋게 지낼 필요까지는 없지만, 우리 서로 싸우지 말고 각자의 공간을 존중하며 조용히 살자고 말이죠. 제안의 조건이 마음에 들면, 서로가 약속을 통해 평화를 이룰 수 있습니다. 그러나 협상에 있어서 가장 중요한 점이 있습니다. 협상은 언제라도 한쪽의 약속 불이행으로 파기 될 수 있다는 것입니다. 그렇기에 전략학에서는 두 번째 방법으로 세력 균형을 통한 평화 유지를 강조합니다.

이렇게 생각해보시면 됩니다. 제가 어렸을 때 놀이터에서 친구와 싸우고 있는데 갑자기 친구가 울며 친언니를 데리고 온 것입니다. 저보다 무려 4살이나 많은 언니가 와서 "네가 내 동생이랑 싸웠니?"라고 하는데, 얼마나 무서웠는지요. 세력이 맞지 않는다고 판단하여, 그날은 잠시 후퇴하고 다음 날 저희 언니를 놀이터에 데리고 갔습니다. 두 언니가 동생들과 함께 놀이터에 등장하니, 저와 친구뿐 아니라 그날 놀이터에 있던 모든 아이들은 그저 숨죽여 열심히 모래성만 쌓다가 집으로 돌아갔습니다. 양측의 팽팽한 신경전에 기가 죽어, 괜히 둘 사이의 일에 꼈다가는 더 큰 분란만 만들 수 있겠다고 판단했기 때문입니다.

이것이 바로 세력 균형Balance of Power의 핵심입니다. 세력, 즉 힘이라는 것은 어느 한쪽으로 쏠리지 않고 고르게 분포되어야 서로가 싸움을 일으키지 않습니다. 힘이 균형을 이룬다는 것은 곧 지속적인 견제도 이룰 수 있다는 것을 의미하기 때문입니다. 그러나 아무리 서로가 서로 간의 힘의 균형을 맞춘다고 하더라도, 사람은 욕심의 동물인지라 언젠가는 이 균형을 깨고 압도적인 일인자로 등극하고 싶어 할 때가 있습니다. 모두가 똑같은 선에 서 있으면, 24시간 두뇌를 가동해서 언제나 새로운 생존 전략을 수립해야 하는데, 이것만큼 에너지 소모가 큰 게 없기 때문이죠. 그러나 압도적인 일인자가 되면, 이때는 그 누구도 일인자를 건들지 못하므로 역으로 평화를 이룰 수도 있습니다.

이것이 바로 전략학에서 의미하는 압도적 승리 즉 결정적 승리입니다. 결정적 승리는 말 그대로 더 이상 승패를 나눌 것 없이 모든 결말이 정해졌기 때문에, 적이 더 이상 다시 일어날 생각조차 할 수 없음을 뜻합니다. 물론, 이 결정적 승리도 작전적 수준, 전술적 수준, 전략적 수준에서의 의미는 조금씩 상이합니다. 그러나 핵심 자체는 같습니다. 어떤 수준에서든 결정적 승리를 이루면 이미 적을 압도한 것과 같으므로, 적은 더 이상 교전하지 않고 완전한 항복을 외치게 됩니다. 이 말은 결국 누군가의 결정적 승리는 또 다른 누군가를 압도함으로써, 전쟁의 부재 즉 평화를 달성한다는 의미와 같다고 볼 수 있습니다.

분쟁의 첫 번째 이유, 삼중 협상

앞에서도 이야기했지만, 협상은 평화를 이루는 데에 쓰이는 가장 기초적인 수단입니다. 그러나 협상과 관련해 이 부분을 분명히 알아야 합니다. 바로 당사자들 간의 약속 이행입니다. 약속이 깨지면 협상은 결렬됩니다. 서로가 추구하는 뜻이 다르니 굳이 상대와 협업할 필요가 없어지기 때문입니다.

이스라엘-팔레스타인 분쟁의 발단은 바로 이 협상에서부터 시작합니다. 그러나 우리가 눈여겨봐야 할 점은, 이 협상이 이스라엘과 팔레스타인 사이에 이루어진 협상이 아니라는 것입니다. 오히려 문제는 제삼국인 영국에 있었습니다. 제1차 세계대전이 한창이었을 1915년 7월부터 1916년 3월까지, 아랍의 지도자였던 후세인 빈 알리Hussein Bin Ali와 영국의 이집트 주재 고등판무관이었던 헨리 맥마흔Henry McMahon은 무려 10차례에 걸쳐서 서신을 주고받았습니다. 서신을 처음으로 보낸 사람은 아랍의 지도자였던 후세인입니다. 1915년 7월 14일에 쓰인 첫 번째 서신의 핵심 내용은 이렇습니다. "영국이 아랍 지역의 독립을 인정해준다면, 아랍인은 오스만제국에 반란을 일으켜 영국 편에 서서 싸우겠다."

제1차 세계대전은 동맹국과 연합국 간에 일어난 전쟁인데, 이중 오스만제국은 동맹국이었던 독일, 오스트리아-헝가리 그리고 불가리아와 손잡고 참전했습니다. 반대로 영국은 프랑스, 러시아를 비롯해 연합국을 대표하는 국가 중 하나였죠. 사실 오스만제국은 제1차 세계대전이 일어나기 500년 전부터 중동을 지배해 온 중동의 살아있는 실세였습니다. 그리고 그 이유로, 영국은 오스만제국을 상대로 중동에서 승리를 거두기 힘들었습니다. 그런데 아랍의 지도자로부터 영국이 때마침 협상 제안을 받았으니, 영국에게는 이보다 더 좋은 기회가 없었습니다. 그리하여 영국의 맥마흔은 1915년 10월

24일에 보낸 서신을 통해 후세인에 이런 말을 전했습니다. "영국은 시리아 서쪽에 있는 일부 지역, 이를테면 다마스쿠스, 홈스, 하마, 그리고 알레포를 제외하고는 아랍의 지도자인 후세인이 요구한 지역들의 독립을 인정하고 지지한다."

세계 지도에서 시리아의 위치를 살펴보시길 바랍니다. 영국이 말한 시리아 서쪽의 일부 지역인 다마스쿠스, 홈스, 하마, 그리고 알레포는 지금의 이스라엘, 팔레스타인 영토와는 거리가 있는 지역들입니다. 왜냐하면, 이 지역들은 오히려 레바논에 가까우면서도 튀르키예 쪽으로 이어지는 방향에 수직으로 자리 잡고 있기 때문입니다. 이는 즉 후세인이 요구했던 아랍 독립 지역에 팔레스타인도 포함이 되어있었다는 것을 의미합니다.

바로 이 이유로, 후세인은 맥마흔으로부터 서신을 받고 난 뒤 자신의 두 아들을 시켜 1916년 6월, 오스만제국을 상대로 반란을 일으켰습니다. 후세인의 목표는 오직 하나였습니다. 독립된 통일 아랍 국가를 만드는 것이었습니다. 이를 위해 영국은 이집트 원정군의 지원을 보태 1918년 10월, 반란군이 오스만제국을 몰아낼 수 있도록 도왔습니다. 그리고 반란군은 이로써 시리아의 다마스쿠스도 점령하며 시리아 아랍 왕국도 수립할 수 있었습니다.

그러나 시리아 아랍 왕국의 수명은 오래 가지 못했고, 후세인의 약속도 지켜지지 않았습니다. 다름 아닌 영국과 프랑스가 1916년에 맺은 사이크스-피코 비밀 협정Sykes-Picot Agreement 때문입니다. 이 협정의 목표는 하나였습니다. 오스만제국이 무너지고 나면, 아라비아반도를 제외한 중동 내 오스만제국의 땅을 영국과 프랑스가 서로 나눠 갖는 것이었습니다. 영국이 가지기로 했던 땅은 지금의 요르단 그리고 이라크의 일부입니다. 그러나 프랑스가 가지기로 했던 땅은 지금의 시리아와 레바논이었죠. 지금의 이스라엘과 팔레스타인 땅은 예루살렘이라는 종교적 상징 때문에 영국과 프랑스가 이 지역을 함부로 통제할 수 없었습니다. 그 이유로, 팔레스타인의 북부는 국제 사회의 공동관리 구역으로 남겨졌고, 남부는 영국의 통제 아래 남겨졌습니다.

협상이 얼마나 잔인하게 펼쳐질 수 있는지 보여드리도록 하겠습니다. 분명, 후세인과 맥마흔이 주고받은 서신은 1915년 7월부터 1916년 3월까지 오고 갔습니다. 그런데 놀라운 점은 사이크스-피코 비밀 협정을 위한 협상은 1915년 11월부터 1916년 3월까지 이어졌다는 것입니다. 영국은 한 지역을 두고 둘 이상의 이해관계자와 같은 기간에 협상을 진행했습니다. 둘 이상과 이중 협상을 하는 것은 외교적 결례를 넘어 충분히 전쟁으로도 이어질 수 있는 위험 요소입니다. 그런데 불난 집에 부채질이라고, 영국은 둘도 모자라 셋 이상의 이해관계자와 팔레스타인을 두고 협상했습니다.

영국은 1917년 11월 2일, '밸푸어 선언Balfour Declaration'을

통해 그간 영국이 유대인과 서로 어떤 협상을 했는지 공개합니다. 바로 이 편지 내용을 통해서 말이죠. "국왕 폐하의 정부는 유대인이 팔레스타인에 본국을 수립하는 것을 긍정적으로 여기고, 이 목표가 잘 달성될 수 있도록 최선의 노력을 다할 것이다." 이 편지는 금융 재벌의 대표주자인 로스차일드 가문의 리오넬 월터 로스차일드가 받았던 편지입니다. 로스차일드는 유대계 가문입니다. 놀라운 것은, 이 편지의 발신자가 다름 아닌 영국의 외무장관인 아서 밸푸어Arthur Balfour라는 것입니다. 제1차 세계대전 당시 영국은 전쟁을 치르는 동안 로스차일드 가문을 비롯해 많은 유대계 금융가들로부터 전쟁 자금을 빌렸습니다. 그러나 원하는 것을 얻으려면 그에 맞는 대가를 지급해야겠죠? 바로 이 이유로, 영국은 시온주의를 주창하는 유대인들에 전쟁 자금을 빌린 대신 팔레스타인을 협상 카드로 썼던 것입니다. 그리고 그렇게, 팔레스타인의 아랍인들은 한순간에 낙동강 오리알 신세가 됐던 겁니다. (참고로 시온주의는 유대인들이 조상의 땅인 팔레스타인 지역에 유대 국가를 건설하는 것을 목표로 하는 민족주의 운동을 의미합니다)

분쟁의 두 번째 이유, 무너진 힘의 균형

사람마다 위기감을 느끼는 기준은 다릅니다. 그러나 적어도 국제정치라는 맥락에서 일반 시민이 느끼는 위기감은 생활의 불편함을 느낄 때 고조되는 경향이 있습니다. 제1차 세계대전이 종식한 1918년을 기준으로, 팔레스타인의 인구 분포는 기존에 팔레스타인에서 살던 사람들이 92% 그리고 외부에서 팔레스타인으로 이주를 한 유대인이 8%를 차지합니다. 그러나 1918년부터 1948년까지 이어진 영국의 위임 통치 기간에는, 팔레스타인 내 유대인의 비율이 기하급수적으로 늘어났습니다. 예를 들면, 1922년에 11%, 1931년에 17%, 1936년에 28%, 1946년에 30%, 그리고 이스라엘이 독립 국가로 선포되는 1948년에는 82%로 말이죠.*

세력 균형을 이론적으로만 따지기보다, 세력이라는 개념을 현실에 접목해보겠습니다. 세력, 즉 힘은 셀 수 있는 것이 있고, 셀 수 없는 것이 있습니다. 셀 수 있는 힘에는 무엇이 있을까요? 무기와 돈도 셀 수 있는 힘이지만, 그 무엇보다 강력한 힘은 바로 사람, 즉 인구입니다. 위에 보여드린 통계를 단순히 숫자로만 보지 마시고, 이 숫자를 세계사의 관점에서 분석해보시길 바랍니다. 1931년은 독일에서 나치당의 히틀러가 정치적으로 반유대주의를 악용하며 유대인을 탄압하던 시기입니다. 이때, 운이 좋아 독일을 탈출할 수 있던 유대인들은 팔레스타인이나 다른 국가로 이주를 할 수 있었죠. 1936년은

* Jewish Virtual Library, "Jewish & Non-Jewish Population of Israel/Palestine(1517–Present)", Jewish Virtual Library, 2024. 참조.

어떨까요? 이 시기는 유대인들이 나치당의 박해를 피하고자 전 세계에 비자를 요청해도 비자가 발급되지 않았던 시기입니다. 바로 이 이유로 1938년에 에비앙 회담이 열렸지만, 결국 세계는 유대인에 문을 열어주지 않았죠.

1936년과 1946년 사이의 통계는 어떤가요? 10년이라는 세월이 흘렀지만, 생각보다 유대인의 비율이 크게 증가하지는 않았습니다. 두 가지 이유 때문인데요. 하나는 홀로코스트 때문에 유럽에서 600만 명의 유대인이 학살당했기 때문이고, 다른 하나는 제2차 세계대전 당시 영국이 전쟁에 필요한 석유를 중동 국가들로부터 얻고자 친아랍 노선을 택하며 유대인의 팔레스타인 이주를 제한했기 때문입니다. 그런데도, 유대인의 비율이 조금이라도 높아진 데에는 이유가 있습니다. 제2차 세계대전이 종식하며 "이제는 우리도 그만 희생당하고 싶다"라고 생각했던 유대인 난민들이, 팔레스타인에 터전을 잡기 위해 이주를 했기 때문입니다. 그래서 1948년에는 무려 유대인의 비율이 82%를 차지합니다. 왜일까요? 이스라엘이 1948년 5월 14일 신생국으로 탄생했기 때문입니다.

방금 이야기한 숫자를 단순히 인구로만 바라본다면 아무런 느낌이 들지 않을 수 있습니다. 그러나 이 숫자를 경쟁자의 늘어나는 힘이라고 생각해본다면 느낌이 달라지실 겁니다. 팔레스타인에 살고 있던 아랍인들의 입장에서는, 기하급수적으로 늘어나는 유대인의 수만큼 위기감을 고조시키면서 힘의 균형을 무너뜨리는 위험 요소가 없기 때문입니다. 바로 이러한 배경 때문에, 팔레스타인의 아랍인들과 팔레스타인으로 이주했던 유대인 사이에서는 갈등의 골이 깊어지기 시작했던 것입니다. 그리고 그 이후 둘 사이의 관계는 상상을 초월할 정도로 악화하기 시작하는데, 그 이유는 바로 1947년 UN 총회에서 통과된 결의안 제181호 때문입니다.

팔레스타인의 아랍인과 유대인 사이의 갈등이 극에 달할 시점, 영국은 팔레스타인 위임 통치 문제를 논의하기 위해 이 문제를 UN에 회부했습니다. 그리고 그 결과, UN은 팔레스타인 조사 위원회를 설립하여 1947년 UN 총회를 거쳐 결의안 제181호를 채택합니다. 이 결의안은 '팔레스타인 분할안'으로도 알려져 있는데, 핵심 골자는 다음과 같습니다. 팔레스타인을 유대인 국가, 아랍인 국가, 예루살렘으로 분할하여 유대인이 팔레스타인 땅의 56%를, 아랍인이 43%를, 그리고 예루살렘을 국제관리지구로 둔다는 것입니다. 이 결의안을 보고 팔레스타인의 아랍인들은 경악을 금치 못했습니다. 이미 영토 분할도 마음에 안 드는데, 아랍인들이 부여받은 땅은 농사를 짓는 데에 적합한 땅이 아니었기 때문입니다.

어느 나라에서든 농사는 생계 수단을 유지하는 데에 있어서 매우 중요합니다. 그러나 경작할 수 있는 땅의 80%는 유대인에게 돌아갔으니, 아랍인들이 이 결의안을 받아들이지 못했던 건 당연한 일입니다. 땅도 엄연한 세력입니다. 그런데 이렇게 한쪽으로만 비옥한 땅이 집중되면, 힘의 균형은 또다시 무너질 수밖에 없습니다. 그뿐만 아니라 결의안 제181호를 채택하는 데에 있어서 찬성의 뜻을 표명했던 국가들을 잘 살펴보시길 바랍니다. 아마 이 국가들을 보면, 외교가 얼마나 철저히 이익 중심으로 돌아가는지 느끼게 되실 겁니다.

에비앙 회담에 총 32개의 국가가 참석했지만, 그중 유일하게 팔레스타인 분할안에 반대표를 던진 국가는 쿠바입니다. 영국은 이 문제를 직접 UN에 회부했기 때문에 기권을 표할 수밖에 없었습니다. 그리고 몇몇 남미 국가들도 기권을 했죠. 그러나 이들을 제외한 나머지는 모두 찬성표를 던졌습니다. 이유는 에비앙 회담 때문입니다. 국제 사회는 에비앙 회담의 결과가 홀로코스트까지 이어질 줄은 상상도 못 했습니다. "설마, 독일이 그렇게까지 하겠어?"라는 안일한 생각이 방관으로 이어져, 무고한 사람들이 너무나 잔인하게 목숨을 잃었기 때문이죠. 그래서 국제 사회는 속죄하는 마음에서라도 이 결의안 만큼에는 찬성표를 던질 수밖에 없었습니다. 즉, 유대인에 갖는 국제 사회의 미안한 감정이 외교적으로 표출된 것이고, 이러한 감정은 또다시 한쪽에만 쏠리며 이미 흐트러질 대로 흐트러진 힘의 균형점을 다시금 흔들었던 것입니다.

분쟁의 세 번째 이유, 압도할 수 없는 압도

감정은 셀 수 없는 힘 중에서도 가장 강력한 힘을 지닙니다. 이러한 감정이 천하무적이 될 때가 있습니다. 목숨을 다해서라도 내 것을 끝까지 지켜야 할 때입니다. 이스라엘에 있어서 5월 14일은 이스라엘의 독립을 의미합니다. 그러나 팔레스타인에 있어서 5월 15일은 '나크바의 날'을 의미하는데, 이는 아랍어로 '대재앙의 날'을 뜻합니다. 팔레스타인이 괜히 이날을 대재앙의 날이라고 부르는 게 아닙니다. 1948년 5월 14일 이스라엘의 독립이 선포되며, 약 70만 명이 넘는 팔레스타인계 아랍인이 5월 15일부로 강제로 고향을 떠날 수밖에 없었고 심지어 몇몇 마을에서는 학살이 일어났기 때문입니다.

이스라엘의 독립 선포 이후, 결의안 제181호에 찬성표를 던졌던 국가들 대다수와 반대표를 던진 일부 국가는 이스라엘을 독립 국가로 승인해줬습니다. 그러나 이를 인정할 수 없고 팔레스타인을 탈환하고 싶던 이집트, 요르단, 시리아, 이라크, 레바논 등등은 아랍 연맹을 결성하여 이스라엘이 독립한 지 24시간도 지나지 않아 이스라엘을 공격했습니다. 아랍 연맹의 선전포고문에 따르면, 이들이 이스라엘에 전쟁을 선포한 이유는 다음과 같습니다. "아랍 연맹이 결의안 제181호를 반대하는 이유는 아랍의 권리가 경시됐기 때문이다. 팔레스타인의 유일한 해결책은 팔레스타인 국가를 건설하는 것이다.”

이것이 바로 제1차 중동전쟁의 발발 원인입니다. 그런데 이 전쟁에는 몇 가지 특징이 있습니다. 그중 하나는, 팔레스타인에 살고 있던 아랍인들은 나크바 즉 대재앙으로 인해 자신들의 세력을 모을 수 없었다는 것입니다. 사실 이들은 나크바가 아니더라도, 이미 오래전부터 팔레스타인 내부에서 파벌싸움을 했기 때문에 결집력이 약했습니다. 이는 즉 팔레스타인이 힘을 모으지 못하니, 아랍 연맹은 팔레스타인을 대신해 이스라엘을 상대로 싸웠다는 것을 의미합니다.

‘압도’라는 단어의 뜻을 상기하고 이 부분을 전략적으로 생각해보시기 바랍니다. 무언가를 압도하기 위해서는 힘을 한 곳으로 집중시켜야 합니다. 그래야 적이 교전할 의사를 내비치지 않고 완전하게 무너집니다. 그런데 팔레스타인계 아랍인은 이해관계의 갈등으로 이스라엘을 압도할 수 없었습니다. 이것이 시사하는 바는 무엇일까요? 이 전쟁의 승자는 이스라엘이었다는 것입니다. 이스라엘은 제1차 중동전쟁을 통해 UN의 결의안 제181호가 제시했던 56%의 땅보다 더 많은 땅인 80%의 땅을 확보할 수 있었습니다. 그러나 아랍 연맹이 일으킨 전쟁으로 인해, 90만 명의 팔레스타인계 아랍인은 이제 아예 고향을 떠나 인접 국가로 터전을 옮길 수밖에 없었습니다. 그리고 이때부터, 요르단으로 터전을 옮겼던 몇몇 팔레스타인계 아랍인은 그 누구도 압도할 수 없는 복수라는 감정을 품게 됩니다.

이스라엘은 제1차 중동전쟁에서 승리한 이후 '승리'라는 단어를 언론에 자주 사용하기 시작합니다. 그러나 이 표현은 1956년 제2차 중동전쟁인 수에즈 전쟁 이후에 더더욱 자주 등장하는데, 그 이유는 바로 이 전쟁이 침공의 성격을 지녔기 때문입니다. 한마디로 말하자면, 언론에 승리라는 단어를 자주 노출해서 국민의 애국심을 자극하려는 의도가 컸다는 것입니다. '승리'를 넘어 '결정적 승리'라는 단어가 대대적으로 쓰이게 된 시점은 1967년인 제3차 중동전쟁서부터입니다. 제3차 중동전쟁은 6일 전쟁으로도 알려졌는데, 이스라엘은 6일 만에 이집트, 요르단, 시리아, 레바논을 상대로 승리를 거뒀고, 이로써 골란고원, 서안지구, 가자지구, 시나이반도를 얻으며 기존에 지배하던 영토의 3배를 확장할 수 있었습니다. 그리고 그 결과, '결정적 승리'라는 단어는 비단 이스라엘의 언론뿐 아니라 아랍을 제외한 국제 사회의 언론에도 대대적으로 쓰이기 시작했습니다.

중동의 아랍 국가들을 상대로 압도적인 승리를 쟁취했다고 생각했던 이스라엘에 한 가지 큰 위기가 닥칩니다. 1972년에 일어난 '뮌헨 올림픽 테러'입니다. 이 사건은 1972년 독일 뮌헨에서 열리던 하계 올림픽에 '검은 9월단'이라는 팔레스타인계 무장단체가 이스라엘의 선수단을 암살하며 발생합니다. 우리가 여기서 눈여겨봐야 할 점은, 바로 이 '검은 9월단'이 이스라엘에 복수심을 품고 요르단으로 터전을 옮겼던 팔레스타인계 아랍인으로 결성된 무장단체라는 것입니다.

군사 전문가들이 의미하는 '압도'는 군사적 압도 즉 전략적 승리를 의미합니다. 본래는 그 의미가 맞습니다. 그러나 인간적으로 생각해볼까요. 아무리 군사적으로 압도해서 결정적 승리를 이룬다고 해도, 적의 마음마저 압도할 수 있는 것일까요? 저는 불가하다고 봅니다. 만약에 그것이 가능하다면, 애초에 뮌헨 올림픽 테러 같은 일은 아예 발생하지 않았어야 합니다. 감정은 인간이 가진 가장 강력한 무기이자 힘입니다. 그렇기에, 목숨을 다해 내 것을 끝까지 지키려 할 때는 감정만큼 무서운 힘이 없습니다. 바로 이 감정 즉 압도할 수 없는 힘 때문에, 1973년에 발발한 제4차 중동전쟁인 욤 키푸르 전쟁에서 이스라엘이 승리를 거뒀어도, 팔레스타인은 1987년 이스라엘 저항 운동으로 불리는 제1차 인티파다를 일으켰던 것입니다. 그리고 1988년에는 팔레스타인의 독립을 선언했던 것이고요.

그뿐만이 아닙니다. 이스라엘도 마찬가지입니다. 아무리 이스라엘의 지도자와 팔레스타인의 지도자가 평화를 이루고자 1993년 오슬로 평화협정을 체결했어도, 이 협정의 체결자인 이츠하크 라빈 이스라엘 총리는 결국 이스라엘 강경 세력에 의해 암살당했습니다. 이유가 뭘까요? 원초적으로 생각하시면 됩니다. 감정이 압도되지 않은 상태 즉 서로를 바라보는 양측의 시선이 호의적이지 않으면, 복수라는 감정은 쉽게 사라지지 않기 때문입니다.

압도할 수 없는 걸 압도하기보다는 희망을 품을 수밖에

우리가 답하고자 한 질문은 이렇습니다. '왜 어떤 전쟁은 끝나지 않는가?' 제가 고등학생 시절부터 이스라엘과 팔레스타인 분쟁을 나름대로 공부한 데에는 이유가 있습니다. 혹시라도 이 케이스를 통해 조금이라도 한반도 평화에 도움이 될 만한 정보를 얻을 수 있을까 싶어서입니다. 학생 때는 평화를 향한 갈망이 컸습니다. 나라가 분단됐다는 것은 정말 슬픈 일이기 때문입니다. 지금은 현실주의자가 됐기 때문에, 평화만큼 이루기 어려운 것이 없다고 봅니다. 솔직히 말하자면, 내일 일도 어떻게 될지 모르는데 평화는 무슨 평화인가요. 그럼에도 불구하고 우리가 어떻게 하면 더 좋은 사회, 국가, 그리고 세계를 만들 수 있는지 조금이라도 고민해보는 건 꼭 필요하다고 봅니다. 지금 우리가 누리는 이 행복과 평화도 과거 누군가의 고민으로 존재한다고 믿기 때문입니다.

그래서 그간 국제 분야에 몸담으며 현장에서 많은 것을 배우려고 노력했습니다. 그러나 제가 몸소 경험한 세계 정치 그리고 이스라엘과 팔레스타인의 현실은 일반 이론으로는 설명하기가 어렵습니다. 이들에게는 합리적 이성을 기반으로 한 이익 중심의 정치도 중요하지만, 무언가 압도할 수 없는 인간의 감정도 고스란히 느껴진다고 할까요. 그래서 저는 이 사실을 깨달은 이후 지구상에 일어나는 모든 분쟁을 보며 이런 생각을 하게 됐습니다. "이 둘뿐 아니라 누구든지 인간의 감정을 압도할 수 없다면, 전쟁은 계속 이어지겠구나."

저는 힘의 정치를 중시합니다. 평화는 힘 있는 자가 누릴 수 있는 값비싼 가치라고 보기 때문입니다. 그런 현실주의자임에도 불구하고, 평화를 이루기 위해서는 인간의 감정도 매우 중요하다고 봅니다. 어느 나라든 힘의 균형을 맞출 때까지는 호전적 상황이 이어질 가능성이 큽니다. 그러나 아무리 힘의 균형을 맞춘다고 해도, 결국 이 균형을 지속시키는 것은 당사국의 국민 즉 사람입니다. 압도를 통해 결정적 승리를 이룬다는 말, 전략적으로는 의미가 깊습니다. 그러나 결정적 승리를 이룬다는 것은 그에 따른 희생도 감수하겠다는 것을 의미합니다. 압도는 적이 다시는 재기하지 못하도록 하는 데에 목표를 둡니다. 그러나 평화를 지키는 이유는 생명을 지키기 위해서입니다. 생명이 사라지면, 평화는 아무런 의미가 없어집니다. 그렇기에 비논리적이라고 보실 수도 있겠지만, 저는 희망하고 또 희망합니다. 부디 인간의 감정이 복수의 칼날이 아닌, 평화의 길로 이어지길 말입니다.

Question 12

데탕트는 왜 중요한가?

힌트

"미묘하게 전략적으로 얻을 걸 다 얻으시면 됩니다."

- 이 질문은 적의 적을 통해 자신이 추구하고자 하는 이익을 어떻게 얻을 수 있는지 살펴보는 데에 도움이 되는 질문입니다.
- 정말로 큰 한 방을 노리고 싶으시다면, 때로는 명확한 입장을 밝히기보다 전략적 모호성을 통해 여러 해석의 여지를 남기는 게 유리할 수 있다는 점을 기억하시면 좋습니다.

전략

냉전과 하나의 중국

미묘한 삼각관계

'적의 적은 나의 친구다'라는 말을 들어보셨나요? 왜 굳이 적의 적을 나의 친구로 만들어야 할까요? 사실 적의 적을 나의 친구로 만들어야 하는 이유는 하나입니다. 나라는 존재가 혼자서 적을 무찌를 수 없을 때는, 적의 적과 손을 잡아서라도 전략적 공세를 펼쳐야 하기 때문입니다. 그러나 우리는 여기서 이 사실을 잊지 말아야 합니다. 적의 적이 나의 친구가 될 수 있는 전제조건은, 적의 적 또한 그 적을 무찌르고 싶은 마음이 커야 한다는 것입니다. 즉, 나와 적의 적이 '적'이라는 공동의 위협을 제거하고 싶은 마음을 가져야만, 적의 적이 내 친구가 될 수 있는 것입니다.

제2차 세계대전이 종식한 이후 1945년부터 1991년 소련이 해체될 때까지 전 세계는 싸우지 않는 전쟁 즉 냉전의 시대를 경험했습니다. 냉전의 주인공은 자유주의 진영의 미국 그리고 사회주의 진영의 소련이었습니다. 미국의 적은 소련이었고, 소련의 적도 미국이었습니다. 그런데 우리가 눈여겨봐야 할 점은, 이때 당시 미국의 또 다른 적은 중국이었고, 소련의 또 다른 적도 중국이었다는 것입니다. 세계사는 방대합니다. 그러나 역사상 이때까지 미국, 소련, 그리고 중국만큼 적의 적이 적이었던 상황이 없습니다. 이러한 미묘한 삼각관계라는 구도 속에서, 미국은 1970년대 초반 소련의 적이었던 중국을 미국의 암묵적 친구로 만들어 데탕트Détente라는 외교적 긴장 완화를 이뤄냈습니다. 그리고 이러한 데탕트를 통해 미국과 소련 그리고 미국과 중국은 한동안 위기를 모면할 수 있었습니다. 그럼 미국은 도대체 데탕트를 어떻게 이뤄냈고, 미국에 있어서 데탕트는 어떤 의미가 있는 것일까요? 다른 나라는 어떨지 모르겠으나, 적어도 미국에 있어서 데탕트의 의미는 다음과 같지 않을까 싶습니다. 그것은 바로 전략적 일거양득입니다.

고조되는 중국 공산당과 소련 공산당 간의 대립 관계

위의 문장을 보시고 이런 의문을 가지셨을 수 있습니다. "중국이 미국의 적이었던 건 알겠는데, 왜 중국이 소련의 적이었지?" 생각해보면 그렇습니다. 1949년 10월, 마오쩌둥이 이끄는 중국의 공산당이 중화인민공화국을 세운 뒤, 중국은 소련과 더불어 세계에서 두 번째로 큰 사회주의 국가가 됐습니다. 사회주의라는 이념만 놓고 보면, 이 둘은 서로 대동단결하여 힘을 모아야 하는 게 맞습니다. 그러나 소련과 중국은 이미 제2차 세계대전이 일어나기 전부터 그렇게 사이가 좋지는 않았습니다. 왜냐하면, 스탈린이 마오쩌둥을 좋아하지 않았기 때문입니다.

중국의 공산당은 1921년에 결성했는데, 이를 결성하는 데에 주도적 세력이 된 건 공산주의를 국제화시키고 싶었던 소련의 코민테른(공산주의 국제연합)입니다. 과거 중국에는 중국 국민당과 공산당이 있었습니다. 국민당은 반공주의를 내세웠던 반면, 공산당은 사회주의 노선을 걸었습니다. 아무래도 중국 공산당은 코민테른의 주도하에 결성됐기 때문에, 여러 부분에서 코민테른의 영향을 받을 수밖에 없었습니다. 그러나 1935년 중국 공산당의 지도자로 마오쩌둥이 부상한 이후로는 중국 또한 자신만의 길을 개척해 나가기 시작했습니다.

소련 공산당은 '마오주의Maoism'라고 알려진 마오쩌둥의 사상을 탐탁지 않아 했습니다. 마오쩌둥의 사상은 소련이 강조했던 노동자 중심의 혁명이 아닌, 농민 중심의 혁명을 강조했기 때문입니다. 그럼에도 불구하고 마오쩌둥은 소련으로부터 원조를 얻기 위해 소련의 공산당과 불화를 만들지 않으려고 노력했습니다. 그러나 이러한 인내는 오래가지 못했습니다. 1953년 스탈린이 서거한 이후, 스탈린의 후계자였던 흐루쇼프가 1956년 제20차 소련 공산당 대회를 통해 미국과의 긴장 완화를 위한 '평화공존론'을 발표했기 때문입니다.

평화공존론의 핵심은 체제가 다른 국가도 무력을 사용하지 않고 서로가 평화적으로 공존할 수 있다는 점을 강조합니다. 마오쩌둥의 시각에서 봤을 때, 흐루쇼프의 평화공존론은 탈 스탈린주의이면서 수정주의에 불과했습니다. 그뿐만이 아닙니다. 흐루쇼프는 스탈린이 그간 얼마나 악독했는지를 장시간 연설하며 스탈린 격하 운동을 펼쳤습니다. 이를 본 마오쩌둥은 흐루쇼프에 맹비난을 쏟아부었습니다. 사회주의 국가들을 이야기하는 만큼, 여기서 전략적으로 생각해보는 시간을 가져보겠습니다. 여러분께서는 왜 마오쩌둥이 흐루쇼프에 화를 냈다고 보시는지요? 단순히 흐루쇼프가 스탈린을 욕해서 그런 것일까요?

이 모든 것을 당 중심의 사회주의 그리고 독재의 측면에서 생각해보시기 바랍니다. 지도자가 자신을 독재자로 만들기 위해서는 정치적으로 존재하는 모든 힘과 대중의 지지를 자신에게 집중시킬 수 있어야 합니다. 지도자 숭배는 그런 측면에서 아주 매력적인 선전 도구입니다. 만약 중국 공산당이 이번에도 소련으로부터 원조만 받고 싶었던 것이라면, 마오쩌둥은 인내심을 발휘해서라도 흐루쇼프가 하는 말을 듣고 참았어야 했습니다. 그러나 그는 참지 않고 흐루쇼프를 맹비난했습니다. 마오쩌둥은 스탈린이 썼던 개인 숭배화 전략을 그대로 따라 했기 때문에, 스탈린이 격하되면 자신도 중국 내부에서 격하될 수 있다고 여겼기 때문이죠.

흐루쇼프는 1959년, 본래 중국 공산당과 1957년에 체결했던 '국방신기술협정'을 폐기하고 핵기술 이전 약속을 취소했습니다. 두 가지 이유 때문입니다. 하나는 소련 공산당이 중국 공산당에 힘을 나눠주면 소련이 힘을 잃을 수 있겠다는 생각이 들었기 때문이고, 다른 하나는 중국 공산당이 핵을 보유할 시 흐루쇼프의 평화공존론이 무용지물로 전락할 수 있다고 판단했기 때문입니다. 그래서일까요? 소련의 핵기술 이전 협정 폐기를 계기로, 마오쩌둥은 흐루쇼프에 대한 모든 신뢰를 잃었습니다. 그리고 그는 흐루쇼프가 1962년 쿠바 미사일 위기 때 미국 존 F. 케네디 대통령의 타협안을 받아들이는 것을 보며, 더 이상 중국 공산당이 소련 공산당에 희망을 거는 건 무의미하다는 것을 깨닫게 됩니다.

적의 적이 친구가 될 수 있는 배경

1964년 소련에서 흐루쇼프가 실각한 이후, 스탈린주의를 주창하던 브레즈네프가 소련 공산당의 지도자로 들어서게 됩니다. 소련의 지도자가 스탈린주의자인 브레즈네프로 바뀌었으니, 각국의 공산당원들은 소련과 중국과의 관계가 그래도 어느 정도 다시 회복되지 않을까 하는 기대를 품었습니다. 그러나 이게 웬일인가요? 브레즈네프도 흐루쇼프처럼 마오쩌둥을 좋게 보지 않았습니다. 브레즈네프는 마오쩌둥이 핵무기를 독자적으로 완성한 것을 보고, 그가 자신의 말을 쉽게 들을 존재는 아니겠다는 확신을 했기 때문입니다. 정말이지, 핵무기를 보유한다는 것은 다양한 측면에서 큰 의미를 갖습니다. 핵은 '눈에는 눈, 이에는 이'를 넘어서 '건드리면 다 같이 죽는다'라는 메시지를 담기 때문입니다. 이러한 이유로, 독자적으로 핵무기를 보유하게 된 중국은 핵이라는 보호막을 배경 삼아 소련과의 영토 분쟁에서 승리를 향한 자신감을 갖기 시작했습니다. 그리고 그렇게 두 나라는 1969년, 중국 동북 지구와 러시아 동부 지구 경계선에 흐르는 우수리강에서 국경 분쟁을 치렀죠.

여기서 미국을 이야기하지 않을 수가 없습니다. 본래 미국은 제2차 세계대전 종식 이후 중국 공산당이 중화인민공화국을 수립한 것을 보며, 사상적 측면에서는 마오쩌둥의 중국이

스탈린의 소련보다 훨씬 더 위협적이라고 봤습니다. 스탈린의 공산당은 노동자 중심의 혁명을 내세우긴 하지만, 계획 경제와 시장 경제를 혼합한 경제 체제를 선택했기 때문입니다. 그러나 마오쩌둥은 달랐습니다. 그는 중국의 사회주의를 진정한 공산주의로 발전시키기 위해 대약진운동을 펼쳤고, 문화대혁명을 통해 계급투쟁을 강조하는 극좌 사회주의운동을 펼쳤기 때문입니다. 이러한 이유로, 미국의 존슨 대통령이 집권했던 1960년대의 미국 외교안보 전문가들은 베트남 전쟁이 한창이었을 당시 중국 공산당이 북베트남을 통해 아시아에서 공산주의 사상을 대대적으로 퍼뜨릴 가능성이 크다고 평가했습니다. 그리고 이러한 생각은 몇 년이 지나도 크게 변하지 않았죠.

이 시기 중국 공산당은 소련의 위협이 나날이 커지는 것을 보며 소련의 위협에 대응하기 위한 전략을 수립하는데, 그것은 바로 '원교근공遠交近攻' 전략입니다. 원교근공은 멀 '원', 사귈 '교', 가까울 '근', 칠 '공'을 딴 중국의 고사성어이자 병법서에 나오는 전략입니다. 이 전략의 핵심은, 멀리 있는 국가와 친구가 되어 가까운 국가를 공격하는 것입니다. 그럼 한번 생각해보십시오. 중국 공산당의 시점에서 봤을 때, 이들로부터 가장 먼 나라는 누구일까요? 당연히 미국입니다. 그런 점에서, 중국 공산당은 원교근공 전략을 통해 미국과의 관계를 개선하면 소련의 위협을 줄일 수 있을 거라고 판단했습니다. 그런데 여기에는 놀라운 사실이 숨어있습니다. 같은 시기, 이런 비슷한 생각을 했던 사람이 바로 존슨 대통령 다음으로 취임한 닉슨 대통령이라는 것입니다.

닉슨 대통령은 현대 외교사뿐 아니라 경제사에 있어서 아주 중요한 역사적 기록을 남겼다고 생각합니다. 그가 긍정과 부정의 역사를 모두 썼기 때문이죠. 닉슨 대통령이 대선 출마 때 내건 공약이 몇 가지 있는데, 그중 미국인들이 가장 좋아했던 공약은 바로 베트남 전쟁에서 미군을 철수하겠다는 공약이었습니다. 이 공약을 이행하기 위해 그는 실제로 1969년 7월, '닉슨 독트린'이라는 굵직한 외교정책을 선포했습니다. 미군은 앞으로 베트남전에서 철수할 테니, 아시아에서 일어나는 문제는 아시아 나라들이 알아서 해결하라고 말하면서 말입니다.

그런데 우리가 여기서 눈여겨봐야 할 점은 따로 있습니다. 그건 바로 닉슨 대통령이 닉슨 독트린을 선포하기 전에, 행정부가 구성된 지 한 달도 되지 않아 국가안전보장회의를 열어 내각에 이런 지시사항을 내렸다는 것입니다. "중국 공산당과 친하게 지낼 수 있는 방법을 찾아보시오." 닉슨 대통령이 중국과의 관계 개선 방법을 모색해보라고 할 때 내각은 이해할 수 없었습니다. 왜 소련이 아니고 중국 공산당과 관계를 개선해야 하는지 이해할 수 없었기 때문이죠.

원래 닉슨 대통령은 만 39세의 젊은 나이로 1953년부터

1961년까지 아이젠하워 대통령의 러닝메이트로서 미국의 부통령을 역임했습니다. 반공주의자로 명성이 자자했던 닉슨 대통령은 소련에서 흐루쇼프와도 직접 설전을 벌일 만큼 자유주의에 대한 자부심이 강했는데, 그는 아이젠하워 대통령의 외교 참모 역할을 톡톡히 해낼 정도로 국제 사안에 있어서는 감각이 남달랐습니다. 그런데 그런 그가 미국의 대통령으로 취임하자마자 자신의 참모들에 중국 공산당과의 관계 개선 방법을 찾아보라고 지시한 데에는 이유가 있습니다. 첫 번째는 중국 공산당의 도움을 받아 베트남 전쟁에서 미군을 철수시키기 위함이고, 두 번째는 미-중 관계 개선을 통해 미-소 관계 개선의 확률을 높이기 위함이며, 세 번째는 이러한 업적들을 통해 대통령직에 재선하길 기대했기 때문입니다.

대통령의 지시가 내려진 이후, 폴란드에 있던 미국대사는 중국대사를 만나 미국이 베트남전에서 잘 철수할 수 있게끔 도와달라고 부탁했습니다. 외교에서 부탁은 비공식적 채널을 이용한 개인적 부탁이 아닌 이상 거의 다 공식적인 협상이라고 보시면 됩니다. 그런 의미에서 한번 이 부분을 전략적으로 생각해보시기 바랍니다. 협상에 있어서 원하는 것을 얻기 위해서는 우리만 원하는 걸 얻는 게 아니라 상대도 원하는 걸 얻을 수 있도록 만들어줘야 합니다. 그럼 '부탁'이라는 것은 무엇을 의미했을까요? 바로 중국 공산당은 중화민국 즉 대만에서 미군을 철수해달라는 뜻을 밝혔다는 것입니다.

대만은 장제스가 이끌던 중국 국민당이 국공내전에서 패한 이후 중화민국의 정부를 세운 곳입니다. 말씀드렸듯, 중화민국은 중화인민공화국과는 달리 반공주의를 지향했습니다. 그리고 그 결과, 미국은 제2차 세계대전 당시 중국 국민당을 지원했습니다. 이들을 지원하면, 미국이 아시아에 진출하는 데에 있어서 큰 도움을 얻을 수 있을 거라고 판단했기 때문입니다. 이러한 이유로, 미국은 국민당이 대만으로 정부를 옮긴 이후에도 지속해서 국민당을 지원해줬습니다. 아무래도 미국의 국무부는 그간 미국이 중국 국민당과 우호적 관계를 유지해왔으니, 중국 공산당과의 관계 개선은 미국에 큰 도움이 되지 않을 거라고 판단했습니다. 그러나 국무부가 나무만 보고 숲은 보지를 못했으니, 닉슨 대통령은 하는 수 없이 믿을 만한 참모 한 사람과만 일을 벌여야겠다고 생각했습니다. 그리고 그 참모는 다름 아닌, 냉전 시기 데탕트의 주역으로 알려진 닉슨의 국가안보보좌관, 헨리 키신저Henry Kissinger입니다.

은밀한 중국 방문

외교를 잘하기 위해서는 상대의 메시지인 '시그널'을 빨리 눈치챌 줄 알아야 합니다. 미국과 중국은 서로가 서로에게 메시지를 전하기 위해 가장 낮은 단계에서부터 시그널을 보내기 시작했습니다. 닉슨 대통령은 중국대륙 여행 조치를 완화했고, 마오쩌둥은 미국 탁구 대표팀을 베이징으로 초청했습니다. 이런 게 바로 외교적 빌드업이라고 볼 수 있는데, 이런 빌드업은 상대로 하여금 큰 이벤트가 열릴 때 큰 주제로 서로를 맞이하려는 마음을 갖게 합니다. 즉, 너무 상세한 주제로 진을 빼지 말고, 거국적인 주제를 논의하며 큰 그림을 같이 그리자는 정치적 의미가 담겨있는 거죠.

외교적 빌드업으로 이어진 키신저의 중국 방문은 1971년 7월 이뤄졌습니다. 그러나 그의 방문은 비밀리에 이뤄졌고, 방문의 목적은 각국 지도자들 간의 공동성명서 초안을 작성하는 것이었습니다. 키신저가 중국 공산당에 제안했던 논의 주제는 여러 가지가 있었지만, 이중 중국 공산당이 가장 관심을 두고 있던 것은 역시나 대만 문제였습니다. 중국 공산당은 이 문제를 논의하는 대표 협상자로 저우언라이 총리를 내보냈습니다. 협상 자리에 총리를 내보낸다는 것은 아주 큰 의미를 지닙니다. 이는 그만큼 중국 공산당이 이 사안에 모든 걸 걸었다는 걸 의미하기 때문입니다.

미국은 대만 문제보다 베트남 전쟁을 명예롭게 끝낼 방법에 대해 논의하고 싶었습니다. 베트남에서 미군을 철수시키는 게 중국과의 관계를 개선하려고 했던 이유 중 하나였기 때문이죠. 양측은 대만 문제 그리고 베트남 전쟁 문제를 각자의 협상 목표로 두어 회담을 이어갔는데, 이 회담은 무려 베이징에서 사흘간 이어졌습니다. 그러나 대만 문제에 대한 양측의 생각은 협상 마지막 날까지 좁혀지지 않았습니다. 그리고 이 문제는 키신저가 미국에 돌아간 뒤에도 해결되지 못했죠.

하나의 중국, 전략적 모호성

닉슨 대통령이 1972년 2월 중국을 방문하며, 양측의 협상가들은 대만 문제를 평화적으로 해결하는 것에 동의했습니다. 그리고 그간 키신저와 저우언라이가 이견을 좁히지 못했던 대만에서의 미군 철수 부분도 합의를 볼 수 있었죠. 그러나 이제부터의 관건은 성명서 작성이었으니, 양측은 이 합의를 어떤 방법과 표현으로 작성할지 고민했습니다.

외교의 꽃은 언어입니다. 외교에서는 서로의 약속문에 어떤 단어와 표현을 쓰는지에 따라 국익을 극대화할 수도 있고 잃을 수도 있습니다. 그런 점에서 양측은 각자의 국익을 추구하고자 오랜 협상 끝에 이 핵심 표현을 쓰자고 합의했습니다. 그것은 바로 '하나의 중국One China'입니다. 이 표현은 1972년 2월 28일, 미국과 중화인민공화국이 양국의 관계 개선을 기념하기 위해 공동으로 발표한 외교 성명서인 '상하이 코뮈니케Shanghai Communiqué'에 담겨있습니다.

The Government of the People's Republic of China is the sole legal government of China; Taiwan is a province of China which has long been returned to the motherland.

The United States acknowledges that all Chinese on either side of the Taiwan Strait maintain there is but one China and that Taiwan is a part of China.

위에 있는 문장은 중화인민공화국의 입장이고, 아래에 있는 문장은 미국의 입장입니다. 먼저 중화인민공화국의 입장을 먼저 보도록 하겠습니다. 중화인민공화국은 '하나의 중국'과 관련하여 이런 표현을 썼습니다. "중화인민공화국The People's Republic of China은 중국의 유일한 합법정부이며, 대만은 조국에 오래전부터 반환되어온 중국의 1개 성이다." 이번에는 미국의 입장을 보겠습니다. 미국은 '하나의 중국'과 관련하여 이런 표현을 썼습니다. "미국은 대만해협의 양측에 있는 모든 중국인들이 '중국은 하나one China'밖에 없으며, 대만은 '중국의 일부a part of China'라는 주장을 '인지acknowledges'한다."

여러분께서는 미국의 문장을 보고 어떤 생각을 하셨나요? 저는 과거 이 표현을 보고 큰 충격을 받았습니다. 미국이 의미한 '하나의 중국'은 대단히 전략적으로 모호해서, 이는 그 어떤 방법으로 해석해도 중국 관련 정책을 자기네 방식으로 추구할 수 있도록 작성했기 때문입니다. 중화인민공화국은 분명 공동성명에 중국 공산당이 이끄는 중국민이 중국의 유일한 합법정부라는 걸 명확히 보여줍니다. 이는 즉 '하나의 중국'은 중화인민공화국만이 유일한 중국이라는 것을 뜻하고, 바로 그 이유로 중화민국 즉 대만은 국가가 아니라는 것을 설명합니다.

이번에는 미국 측의 표현을 하나하나 쪼개서 살펴보도록 하겠습니다. 미국은 그 어떤 문장에서도 '중화인민공화국The People's Republic of China'이라는 표현을 쓰지 않았고, 그저 '중국China'이라는 표현만 썼습니다. 심지어 미국이 쓴 문장은 대만은 '중국의 일부'라고 표현합니다. 이는 무엇을 뜻할까요? 미국은 중국 문제에 간섭하지는 않겠지만, 어쨌든 대만인 '중화민국Republic of China'은 '중국China'의 일부라는 점을 인지하겠다는 것입니다. 즉 대만이 중국을 대표하든, 중국대륙이 중국을 대표하든 그건 중국이 알아서 할 일이지, 미국이 관여할 일은 아니라는 것입니다.

묘하게 전략적으로 얻은 게 많은 데탕트

'상하이 코뮈니케'라는 공동성명을 통해 눈여겨봐야 할 점은 바로 이러한 전략적 모호성Strategic Ambiguity입니다. 전략적 모호성은 어떤 특정 주제에 대한 견해를 밝혀야 할 때 의도적으로 모호한 태도를 보여서, 나와 상대 간의 갈등을 피하거나 상황에 따른 유리한 입장을 가질 수 있도록 돕습니다. 그런데 흥미로운 점은, 이러한 전략적 모호성은 주로 정책적 측면에서 일거양득의 기회를 제공한다는 것입니다. 미국은 데탕트를 위해 적의 적인 중국을 상대로 관계를 개선하고자 했고, 중국도 원교근공을 통해 미국과 관계를 개선하려고 했습니다. 이 과정에서 미국과 중국은 비밀리에 이루어진 키신저의 중국 방문을 통해 양국 정상 간의 공동성명서 초안을 마련했고, 이를 계기로 미국과 중국은 그간의 침묵을 깨고 역사적인 만남을 가졌습니다.

실제로 미국의 닉슨 대통령이 중국을 방문하면서 얻은 것이 무엇인지 대표적인 것들을 살펴보겠습니다. 첫 번째, 미국은 닉슨 대통령의 방중을 계기로 양국 간의 긴장을 완화하며 1979년 미-중 수교를 이뤘습니다. 두 번째, 북베트남의 무력통일을 찬성하던 마오쩌둥이 닉슨 대통령을 만난 뒤 베트남에 전한 메시지는 다음과 같았습니다. "무력보다는 평화적으로 해결해야 하지 않겠습니까?" 세 번째, 닉슨 대통령과 마오쩌둥의 회동 이후, 소련은 미국에 연락을 취해 1972년 5월 모스크바 정상회담을 개최하여 전략무기감축조약SALT I과 탄도요격미사일제한조약(ABM조약)을 체결했습니다. 그리고 마지막으로 네 번째, 닉슨 대통령은 바라던 대로 1972년 11월, 압도적인 표 차이로 재선에 성공했습니다.

데탕트를 통해서 미국이 잃은 것을 말해보라고 한다면, 내 만이 미국에 느꼈던 잠깐의 배신감을 언급하고 싶습니다. 그러나 이 배신감은 아주 잠깐이었다고 봅니다. 미국은 상하이 코뮈니케를 전략적으로 모호하게 작성했기 때문에, 의회 차원에서 대만의 방위를 보장하는 '대만 관계법Taiwan Relations Act'을 1979년 4월 제정했기 때문입니다. 이 법안의 존재를 알게 된 중화인민공화국은 이거야말로 '하나의 중국'이 아니라 '두 개의 중국'을 인정하는 것이라고 맹비난했습니다. 그래서 중국은 양국 관계를 위해서라도 이 법안을 폐지하라고 요구했죠. 그런데 여러분, 한번 잘 생각해보세요. 중화인민공화국이 보이는 지금 이 모습은 마치 뭐와 비슷하죠? 전략을 배우셨으니, 전략적으로 말씀하시면 됩니다. 바로 이렇게요. "내정불간섭, 중국 공산당의 평화 5원칙 중 하나가 아니었던가요?"

우리가 답하고자 한 질문은 이렇습니다. '데탕트는 왜 중요한가?' 저는 이 질문에 답하기 위해 냉전 시기의 미국, 소련, 그리고 중화인민공화국의 입장을 모두 보여드렸습니다. 그러나 이 중에서 데탕트를 통해 가장 큰 수혜를 입은 것은 미국이 아닐까 싶습니다. 미국은 적의 적을 암묵적 친구로 만들어 전략적 모호성을 통해 자신이 추구하는 국익을 극대화할 수 있었기 때문입니다. 오늘의 적이 내일의 친구가 될 수 있고, 오늘의 적의 적이 내일뿐 아니라 내일모레에도 친구가 될 수 있습니다. 그래서 어떻게 보면, 세상에 영원한 적은 존재하지 않는 것 같습니다. 그러나 또 어떻게 보면, 결국 영원한 친구도 존재하지 않는 것이니 국가는 매 순간을 대비하며 힘을 키워야겠죠?

나오며

과거는 미래가 될 수 있는가?

국제 바칼로레아는 20세기까지의 역사만 다룹니다. 21세기의 역사는 아직 현재진행형이기 때문입니다. 여러분께서는 이 책을 통해 무엇을 배우셨는지요? 각자 느끼신 점이 다르겠지만, 작가로서 마지막으로 이 말씀은 꼭 드리고 싶습니다. 세계사는 세상의 역사이고, 세상의 역사는 곧 여러분의 역사라는 것을요.

세계사, 정치, 외교 같은 사회적 사안은 우리 모두의 삶에 큰 영향을 끼칩니다. 그러나 많은 분들께서는 이런 중요한 문제들에 관심을 두지 않으십니다. 그래서 한때는 일면식도 없는 사람들에게 다가가 이런 질문을 한 적도 있습니다. "하나만

여쭤보고 싶습니다. 혹시 세계사나 정치, 외교에 관심이 없으신 이유가 무엇일까요?"

놀랍게도 답변은 똑같았습니다. "세계사, 정치, 외교는 다가가기도 너무 어렵고, 도통 무슨 말을 하는지 모르겠습니다. 차라리 삶에 도움이 되는 거라도 알면 좋을 것 같은데 말이죠." 여러 답변 중 '삶에 도움이 되는 거라도 알면 좋겠다'는 말이 제게는 크게 다가왔습니다. 그래서 이 말을 들은 이후부터는 어떻게 해야 세계사, 정치, 외교를 사람들의 마음에 와닿게 할 수 있는지 열심히 고민했습니다. 그러다가 한번은 이런 생각을 했습니다. "한번 역사랑 사회과학을 예술로 승화시켜 보면 어떨까?"

세상에 존재하는 모든 이야기와 책은 예술이라고 믿습니다. 예술은 대단한 힘을 갖고 있습니다. 예술은 순수한 힘으로 세상에 존재하는 모든 장벽을 초월하기 때문이죠. 사람들의 삶과 세상에 도움이 되고자 하는 마음으로 쓴 저의 세 번째 책이 바로《바칼로레아 세계사》입니다. 이 책을 쓰기 전에는《교과서의 쓸모》그리고《당신의 역사가 역사를 만날 때》를 집필했습니다. 저는 책을 쓸 때마다 각각의 책에 역할을 부여합니다. 그리고 집필을 마치고 나서는 책에 손을 얹어 진심을 다해 기도합니다. 부디 제 책들이 자신의 역할을 다해달라고요.

《교과서의 쓸모》를 집필할 때는 이렇게 기도했습니다. "너는 많은 청소년들에게 다가가 아이들에게 꿈과 희망을 주길 바라."《당신의 역사가 역사를 만날 때》를 집필할 때는 이렇게 기도했습니다. "너는 삶에 새로운 방향과 위로가 필요한 사람들에게 다가가 조금이라도 위안을 주길 바라." 그리고《바칼로레아 세계사》를 집필할 때는 이렇게 기도했습니다. "너는 나와 함께 세상을 바꾸고 싶은 사람들에게 다가가 용기를 주길 바라."

책에 역할을 부여하고 기도한다니, 저도 참 이상한 사람이지요? 그런데 놀라운 건, 실제로 이렇게 고백하면 그 꿈이 이루어진다는 것입니다. 왜냐하면, 그 꿈을 위해 저는 매 순간 의미 있는 현재를 살고자 노력하기 때문입니다.

위인만 세상의 흐름을 바꾼다고 보지 않습니다. 누구나 세상의 새로운 주인공이 될 수 있습니다. 그러나 이를 위해서는 중요한 전제조건이 따릅니다. 용기입니다. 처음에는 책을 쓴다고 할 때 몇몇 분들께서 이런 말씀을 주셨습니다. "그냥 내공 좀 쌓이면 그때 가서 크게 뭘 하세요. 책 가지고는 영향력이 없습니다." 이 말도 충분히 일리가 있다고 봅니다. 더 내공을 쌓아야 더 깊은 지혜가 쌓이기 때문입니다. 그래서 저도 한동안은 그저 순리에 맞게 살아야겠다고 생각했습니다. 그런데 잘 생각해보면, 저는 굳이 이 말을 따를 필요가 없었습니다. 그저 단 한 명만이라도 제 책을 통해 새로운 세상의 주인공이 되겠다고 다짐만 한다면, 저와 제 책은 자신의 역할을 다한 것이기 때문입니다. 그래서 다짐했습니다. 조금이라도 누군가에게 도움이 되는 세상을 보여주자고요.

세상에 태어난 모든 생명이 똑같이 부여받은 게 있습니다. 시간입니다. 시간은 기다려달라고 부탁해도 기다려주지 않습니다. 시간은 모두에게 똑같이 흐르기 때문입니다. 이 책을 읽고 계시는 지금도 시간은 흐르고 있습니다. 기록은 무언가를 도전한 사람에게만 주어지는 선물이라고 봅니다. 과거도 기록이고, 현재도 기록이고, 미래도 기록입니다. 과거가 별로라고 꼭 그 미래도 별로일 필요는 없습니다. 그래서 혹시라도 힘든 과거나 남들에게는 말 못할 과거로 인해 현재와 미래가 불안하시다면 이 말씀을 드리고 싶습니다. 지나간 것은 다시 돌아오지 않으니, 그저 새롭게 시작하십시오. 시간도 과거에 얽매이지 말라고 미래를 선물로 주는데, 우리에게는 매 순간이 새로운 가능성이지 않겠는지요?

과거가 어두워서 앞이 보이지 않는 것 같다면, 현재에 빛을 만들어 미래를 밝히면 됩니다. 그러니 부디 용기를 내셔서, 세상의 흐름을 주도하는 주인공이 되세요. 저와 이 책이 여러분 그리고 세상의 용기 있는 도전을 응원하겠습니다. 할 수 있고, 모든 것은 가능합니다.

참고문헌

참고도서

- Adolf Hitler, 《My New Order》, Raoul de Roussy de Sales, Reynal & Hitchcock, 1941
- Arnold Toynbee, 《Major Peace Treaties of Modern History 1648-1967》, Chelsea House Publishers, 1967
- International Criminal Court, 《Rome Statute of the International Criminal Court》, 2011
- Omar Shahahabudin McDoom, 《The Path to Genocide in Rwanda》, Cambridge University Press, 2022
- Paul R. Bartrop, 《The Evian Conference of 1938 and the Jewish Refugee Crisis》, Palgrave Macmillan, 2018
- 김재명, 《눈물의 땅, 팔레스타인》, 미지북스, 2019
- 김재명, 《오늘의 세계 분쟁》, 미지북스, 2021
- 김형곤, 《미국 독립전쟁》, 살림출판사, 2016
- 김형준, 《이야기 인도사》, 청아출판사, 2006
- 뉴쥔, 《냉전과 신중국 외교의 형성》, 박대훈 옮김, 한국문화사, 2015
- 니콜로 마키아벨리, 《군주론》, 최현주 옮김, 페이지2, 2023
- 니콜로 마키아벨리, 《로마사 논고》, 강정인·김경희 옮김, 한길사, 2018

- 대런 아세모글루·제임스 A. 로빈슨,《국가는 왜 실패하는가》, 최완규 옮김, 시공사, 2012
- 대한성서공회,《성경전서 개역개정판》, 성서원, 2005
- 라시드 할리디,《팔레스타인 100년 전쟁》, 유강은 옮김, 열린책들, 2021
- 마르크 블로크,《서양의 장원제》, 이기영 옮김, 한길사, 2020
- 마오하이젠,《아편전쟁》, 김승일·이택산 옮김, 경지, 2018
- 마이클 우드,《태양의 제국 잉카의 마지막 운명》, 장석봉 옮김, 랜덤하우스코리아, 2005
- 박한제·김형종·김병준 외《아틀라스 중국사》, 사계절, 2015
- 박현모,《세종의 적솔력》, 흐름출판, 2016
- 박현모,《세종처럼》, 미다스북스, 2014
- 발터 샤이델,《로마와 차이나》, 임지연 옮김, 생각과종이, 2020
- 샘 밀러,《이주하는 인류》, 최정숙 옮김, 미래의창, 2023
- 소준섭,《중국사 인물 열전》, 현대지성, 2018
- 손무,《손자병법》, 김원중 옮김, 휴머니스트, 2020
- 손세호,《하룻밤에 읽는 미국사》, 알에이치코리아, 2019
- 송동훈,《대항해시대의 탄생》, 시공사, 2019
- 송병건,《지식 혁명으로 다시 읽는 산업혁명》, 해남, 2018
- 수잔 스콧,《흑사병의 귀환》, 황정연 옮김, 황소자리, 2005
- 아브라함 H. 매슬로,《존재의 심리학》, 정태연·노현정 옮김, 문예출판사, 2005
- 애덤 스미스,《국부론》, 이종인 옮김, 현대지성, 2024
- 애덤 스미스,《도덕감정론》, 김광수 옮김, 한길사, 2016
- 에드워드 기번,《로마제국쇠망사》, 강석승 옮김, 동서문화사, 2016
- 윌리엄 L. 샤이러,《제3제국사 : 히틀러의 탄생부터 나치 독일의 패망까지》, 이재만 옮김, 책과함께, 2023
- 유달승,《팔레스타인/이스라엘 : 점령, 테러리즘, 그리고 미래》, 한울, 2003
- 유대교 랍비,《탈무드》, 김이랑 옮김, 시간과공간사, 2021
- 이기영,《고전장원제와 봉건적 부역노동제도의 형성》, 사회평론아카데미, 2015
- 임마누엘 칸트,《계몽이란 무엇인가》, 임홍배 옮김, 길, 2020
- 장홍제,《건륭》, 글항아리, 2023

- 재레드 다이아몬드, 《총균쇠》, 강주헌 옮김, 김영사, 2023
- 정기문, 《14가지 테마로 즐기는 서양사》, 푸른역사, 2019
- 조길태, 《영국의 인도 통치 정책》, 민음사, 2004
- 조길태, 《인도사》, 민음사, 2000
- 조길태, 《인도와 파키스탄》, 민음사, 2009
- 조지 F. 케넌, 《조지 케넌의 미국 외교 50년》, 유강은 옮김, 가람기획, 2013
- 존 H. 엘리엇, 《스페인 제국사 1469-1716》, 김원중 옮김, 까치, 2000
- 주경철, 《중세 유럽인 이야기》, 휴머니스트, 2023
- 카를로 마리아 치폴라, 《크리스토파노와 흑사병》, 김정하 옮김, 정한책방, 2017
- 카알 폰 클라우제비츠, 《전쟁론》, 김만수 옮김, 갈무리, 2016
- 토머스 R. 마틴, 《고대 로마사》, 이종인 옮김, 책과함께, 2015
- 페리 앤더슨, 《고대에서 봉건제로의 이행》, 유재건·한정숙 옮김, 현실문화연구, 2014
- 폴 케네디, 《강대국의 흥망》, 이왈수·전남석·황건 옮김, 한국경제신문, 1997
- 필립 고레비치, 《내일 우리 가족이 죽게 될 거라는 걸 제발 전해주세요》, 강미경 옮김, 갈라파고스, 2011
- 한솔교육연구모임, 《시련과 고비를 딛고 일어서다》, 솔과나무, 2021
- 헨리 키신저, 《헨리 키신저의 외교》, 김성훈 옮김, 김앤김북스, 2023
- 헨리 키신저, 《헨리 키신저의 중국 이야기》, 권기대 옮김, 민음사, 2012
- 홍익희, 《유대인 이야기》, 행성B잎새, 2013
- 홍익희, 《유대인의 세계관》, 클라우드나인, 2024

기사 및 자료

- Secretary of State for the Colonies, 《Report of a Committee Set Up to Consider Certain Correspondence Between Sir Henry McMahon and the Sharif of Mecca in 1915 and 1916》, His Majesty's Stationary Office, 1939
- Office of the Historian, "Joint Statement Following Discussions With Leaders of the People's Republic of China(Shanghai Communiqué)", United States Department of State, 1972
- Antonio Marco Martínez, "Wine, sex and baths ruin our bodies, but··· (Balnea vina Venus corrumpunt corpora, sed···)", Antiquitatem-History of Greece and

Rome, April 2016

- The U.S. National Archives and Records Administration, "Declaration of Independence : A Transcription", National Archives, October 2023
- Jewish Virtual Library, "Jewish & Non-Jewish Population of Israel/Palestine(1517–Present)", Jewish Virtual Library, 2024
- Choudhary Rahmat Ali, 《Now or Never : Are We to Live or Perish Forever?》, The Pakistan National Movement, 1933
- Arthur James Balfour, "Dear Lord Rotschild", Foreign Office, November 1917
- Kangura, 《Kangura No. 6》, Kangura, December 1990
- United Nations, 《Conference at Evian(S543/2/1)》, United Nations, 1938
- 이기환, "광해군의 '논술문제, 섣달그믐밤, 그 쓸쓸함에 대해 논하라'", 경향신문, 2018년 10월 25일, https://www.khan.co.kr/culture/culture-general/article/201810251035001
- 국사편찬위원회, 《조선왕조실록 : 광해군일기》, 국사편찬위원회 자료열람, 2024
- 국사편찬위원회, 《조선왕조실록 : 세종실록》, 국사편찬위원회 자료열람, 2024
- 김준태, "왕이 묻고 신하가 답하다 : 세종-강희맹", DBR, 2020년 3월, https://dbr.donga.com/article/view/1306/article_no/9546/ac/search

바칼로레아 세계사
깊이 있는 질문은 시대를 관통한다

초판 1쇄 발행 2024년 7월 29일

지은이 임라원

펴낸이 김재원, 이준형
디자인 studio forb

펴낸곳 비욘드날리지 주식회사
출판등록 제2023-0001117호
E-Mail admin@tappik.co.kr

ISBN 979-11-984966-1-4 (03900)

• 책값은 뒤표지에 적혀 있습니다.
• 잘못 만든 책은 구입하신 서점에서 바꾸어 드립니다.
• 날리지는 비욘드날리지의 인문교양 레이블입니다.